中国制造业企业动态的经济增长效应研究

Research on the Economic Growth Effect of Manufacturing Firm Dynamics in China

嵇正龙 / 著

图书在版编目(CIP)数据

中国制造业企业动态的经济增长效应研究/嵇正龙著. —苏州:苏州大学出版社,2023.9
ISBN 978-7-5672-4550-1

Ⅰ.①中… Ⅱ.①嵇… Ⅲ.①制造工业-工业企业-企业经济-经济增长-研究-中国 Ⅳ.①F426.4

中国国家版本馆 CIP 数据核字(2023)第 170735 号

书　　名:	中国制造业企业动态的经济增长效应研究
	ZHONGGUO ZHIZAOYE QIYE DONGTAI DE JINGJI ZENGZHANG XIAOYING YANJIU
著　　者:	嵇正龙
责任编辑:	薛华强
助理编辑:	罗路昭
装帧设计:	吴　钰
出版发行:	苏州大学出版社(Soochow University Press)
社　　址:	苏州市十梓街1号　邮编:215006
印　　装:	镇江文苑制版印刷有限责任公司
网　　址:	www.sudapress.com
邮　　箱:	sdcbs@suda.edu.cn
邮购热线:	0512-67480030
销售热线:	0512-67481020
开　　本:	700 mm×1 000 mm　1/16　印张:12.75　字数:216千
版　　次:	2023年9月第1版
印　　次:	2023年9月第1次印刷
书　　号:	ISBN 978-7-5672-4550-1
定　　价:	49.00元

凡购本社图书发现印装错误,请与本社联系调换。服务热线:0512-67481020

前　言

　　党的二十大报告强调了建设现代化产业体系的重要性并指出要坚持把发展经济的着力点放在实体经济上，推进新型工业化，加快建设制造强国。制造业不仅在传统工业化时代是驱动经济发展的关键，在数字经济时代仍然是数字技术的载体和价值实现的平台。自2008年金融危机以来，世界各国普遍认识到先进制造业等实体经济的重要作用，纷纷提出旨在促进制造业升级的再工业化战略。当前，全球正经历着百年未有之大变局，我国制造业的发展正处于一个关键的历史节点。随着再工业化成为世界各国的共识和趋势，制造业作为经济增长的基础，越发受到重视，全球竞争也更加激烈。而国家间制造业的竞争归根结底是制造业企业的竞争。

　　制造业企业的规模、市场进入、成长与退出等动态调整都直接影响企业绩效和竞争力，进而影响经济增长。新经济增长理论借助企业动态，将熊彼特"创造性破坏"思想模型化，以研究创新驱动增长。这也使得企业动态成为经济学家关注的重要议题。但由于新经济增长理论对企业动态的描述较为抽象，缺乏具体性和直观性，限制了其对于许多具体问题的解释力。而且，目前，学者对于企业动态影响经济增长的微观机制的阐释尚不充分。由此，本书在新经济增长理论框架下，通过企业活动场景扩展企业动态内涵并遵循从微观到宏观的理论逻辑，从企业异质性切入，深入研究我国制造业企业动态的经济效应，以期从理论上阐释我国制造业企业影响经济发展的微观机制和有效途径并从经验上利用中国制造业企业微观数据检验相关假说，在为中国经济增长从微观企业层面寻找对策的同时，推进新经济增长理论的企业动态机制研究。

　　本书前两章主要阐释研究背景并综述企业动态及其相关的经济增长理论，

进而构建本书的理论分析框架。首先，在制造业国际竞争和智能制造的现实背景下，阐述制造业企业对于宏观经济增长起到的基础性作用。其次，从企业动态含义切入，回顾经济增长理论中的企业动态并在新经济增长数理模型中推演企业动态机制，以奠定本书研究的理论基础。最后，融合企业动态的内涵，扩展逻辑线索和从微观到宏观的递进逻辑线索，搭建本书的理论分析框架。

本书的第三章至第十章从场景化的企业动态出发，沿着从微观到宏观的经济传导机制过程，探讨具体的企业动态对企业市场存活、企业生产率、区域生产率、区域创新和区域经济增长的影响及其机理并为理论假说提供经验证据。第三章是全书的微观分析起点，从企业异质性切入，关注企业规模动态的测度及其与生产率的关系。第四章则进一步通过理论分析并设定 Cox PH 模型进行实证分析，发现企业异质性规模动态对企业市场存活的影响呈现递增特征，但增加的速度是递减的。第五章通过构建企业间社会网络，考察企业网络位置动态对企业全要素生产率的影响，发现企业可以通过调整网络位置以提高获取信息技术的便利程度，或者增强控制社会关系的优势，进而促进企业生产率提高。第六章则从企业空间分布动态的视角探讨产业的集聚问题，通过引入空间变量，改进了传统的专业性集聚测度方法。第七章基于企业层面微观数据，设计了企业空间集聚引力指数和企业更替率的新算法，验证了企业空间集聚动态，能够通过企业更替机制，促进区域生产率持续提高。第八章通过构建企业异地进入的创新收敛数理模型进行理论分析并设置面板模型、中介效应模型等进行实证检验，发现企业异地进入显著促进创新的空间收敛，同时存在绝对收敛和相对收敛，且创新要素中研发人员的区际流动具有显著的中介效应。第九章是基于前几章的分析，以长三角区域为研究对象，提出新的空间法以测度市场分割指数，采用工具变量法检验企业异地进入的经济增长效应，发现企业异地进入能够显著促进经济增长，但是在中心城市群和外围城市群表现出显著的差异。第十章则将宏观经济政策中常见的环境规制政策引入熊彼特经济增长理论模型，从理论和实证两个方面探讨企业动态的经济增长效应。第十一章针对上述理论分析结论及实证检验结果阐述了相应的政策启示并对未来的研究方向和领域进行展望分析。

本书的出版将为关注新经济增长理论及企业动态理论的专家、同仁提供批判的素材，也为以后学者开展相关研究提供参考。同时，本书还将为政府部门、科研院所、智库机构开展制造强国相关研究及政策制定提供有益借鉴。限于个人学识、能力和水平，疏漏之处敬请批评与指正。

本书的出版受到了江苏省高校"青蓝工程"、宿迁市"千名拔尖人才培养工程"、宿迁学院"西楚学者高层次人才工程"、宿迁学院高层次人才引进等项目的资助。

2023 年 8 月 8 日

目　录

- 第一章　绪论 / 1
  - 第一节　研究背景、目的及意义 / 1
  - 第二节　研究思路与研究方法 / 7
  - 第三节　研究框架与研究内容 / 11
  - 第四节　创新之处 / 15

- 第二章　企业动态视角的经济增长理论回顾 / 17
  - 第一节　企业动态的含义 / 17
  - 第二节　现代经济增长理论从外生到内生的演进 / 18
  - 第三节　熊彼特经济增长理论的企业动态线索 / 21
  - 第四节　熊彼特经济增长模型中的企业动态 / 27

- 第三章　企业异质性、规模动态与生产率演变 / 35
  - 第一节　理论分析与研究假说 / 35
  - 第二节　典型特征事实 / 38
  - 第三节　实证分析设计 / 43
  - 第四节　实证结果分析 / 44

- 第四章　企业异质性规模动态、生产率与市场存活 / 51
  - 第一节　理论分析与研究假说 / 51
  - 第二节　计量模型、变量与数据 / 52
  - 第三节　实证结果分析 / 57

- **第五章　企业网络位置动态、吸收能力与企业生产率　/ 63**
  - 第一节　理论分析与研究假说　/ 63
  - 第二节　计量模型、变量与数据　/ 66
  - 第三节　基本估计分析　/ 71
  - 第四节　异质性分析　/ 75

- **第六章　基于企业空间动态的产业集聚分析　/ 78**
  - 第一节　问题提出与理论分析　/ 78
  - 第二节　产业集聚中心引力指数算法　/ 85
  - 第三节　中心引力指数算法应用示例　/ 88

- **第七章　企业空间集聚动态、企业更替与区域生产率　/ 99**
  - 第一节　理论分析与研究假说　/ 99
  - 第二节　计量模型、变量与数据　/ 100
  - 第三节　基本估计分析　/ 106
  - 第四节　异质性分析　/ 109

- **第八章　企业异地进入、创新要素流入与区域创新空间收敛　/ 112**
  - 第一节　理论分析与研究假说　/ 112
  - 第二节　计量模型、变量与数据　/ 116
  - 第三节　基本估计分析　/ 122
  - 第四节　区域创新收敛机制检验　/ 126

- **第九章　企业异地进入与市场一体化的经济增长效应　/ 130**
  - 第一节　理论分析与研究假说　/ 130
  - 第二节　计量模型、变量与数据　/ 131
  - 第三节　基本估计分析　/ 138
  - 第四节　异质性分析　/ 142

- **第十章　环境规制、企业进入与经济增长　/ 145**
  - 第一节　理论分析与研究假说　/ 145

第二节　实证分析设计　/ *154*

　　第三节　实证结果分析　/ *157*

第十一章　结论启示与研究展望　/ *162*

　　第一节　主要结论　/ *162*

　　第二节　政策启示　/ *167*

　　第三节　研究不足与展望　/ *171*

参考文献　/ *175*

第一章 绪 论

本章为全书的总体概况说明,阐述选题的背景、目的及意义,研究的思路、方法、框架和章节内容,以及创新之处。

第一节 研究背景、目的及意义

一、研究背景

经济增长问题始终是经济学家关注的核心命题之一,历久弥新。而制造业始终是经济增长的基石。尽管以美国为首的发达国家或经济体经历了较长的去工业化阶段及服务化转型的发展过程,但是随着人工智能、大数据和物联网等新经济的核心思想和新一代信息技术的发展,再工业化已成国际共识与趋势。

中国政府于2015年5月出台了纲领性文件《中国制造2025》,部署全面推进实施制造强国战略。与此同时,美国政府也出台了减税、"重回制造业"等一系列再工业化的政策,试图与其他国家争夺制造业优势地位。对于采取"双循环"战略并处在从低端制造业向中高端转型、创新驱动高质量发展阶段的当前中国经济而言,制造业更是实体经济的核心,对于经济平稳健康可持续发展,实现高质量增长,进而提升国家全球竞争力具有关键的作用。《中国制造2025》的提出和"美国重回制造业"政策的相继出台,表明再工业化已经成为世界多国的共识。事实上,自工业革命以来,制造业始终是发达国家持久发展的动力来源,也是新兴市场国家实现收入水平持续提高的驱动器。制造业不仅在传统的工业化时代是驱动经济发展的关键,而且在新经济时代依然是大数据、人工智能和物联网等新技术通用化的载体和价值实现的平台。而国家间的制造业竞争,终究是制造业企业间的竞争。制造业企业是组织生产的基本单位,也是经济增长的微观基础。

根据市场结构竞争理论,经济学家通常认为大企业具有资源禀赋和垄断优势,容易产生规模经济,专业化水平更高,抵御风险的能力较强,具备雄厚的资金实力以购置先进的生产设备,因此,往往具有较高的生产率(姚洋和章奇,2001)。正是基于这样的普遍认识,政府在制定产业政策和干预市场的实践中,倾向于扶持大企业和大集团,以期带动经济结构转型和产业结构升级。从产业组织的角度看,政府对大企业和大集团的培育和扶持是为了通过快速提升产业集中度,增强技术创新能力,促进生产率提高。

然而,在国际上,中国具有竞争力的大企业的数量与其经济体量不太符合(王永进等,2017),也就产生了所谓的"中国大企业缺失之谜"。通过考察企业规模分布和生产率异质性特征(高凌云等,2014),发现大企业比例低于目标状态,且其生产率并不高。通过进一步分析,学者发现资源配置扭曲使得中国企业规模分布偏离了生产率分布决定的最优状态(李旭超等,2017),导致高效率企业"长不大",低效率企业不合理膨胀,大企业和小企业都少,而中间规模的企业过多,削弱了产业政策的有效性。但是,张少华和张天华(2017)认为,中国小微企业和大企业数量较多,导致企业规模分布呈现"双峰"分布特征,形成了所谓的"中间迷失"现象。

中国的产业政策目标和企业发展的现实矛盾引发我们深思:中国的企业规模动态与生产率之间存在什么样的关系?这个问题又可以进一步被细分为以下三个问题:① 企业规模测度作为一个基本问题应该如何改进? ② 企业规模动态分布特征是否偏离最优? ③ 企业规模与全要素生产率之间呈现怎样的动态特征?对这些问题的回答,既有助于当前制造业强国战略背景下对产业政策做出完善和调整,也是对已有理论研究的修正和补充。

企业作为经济活动的主体,主导着资源的优化配置、研发创新、就业收入和市场竞争,是国家或地区生产和贸易活动的直接参与者,其创新绩效、竞争优势、盈利能力等直接影响国家或者地区的经济绩效、竞争优势和福利水平。虽然中国制造业企业数量越发庞大,产值也越来越高,但是依然缺乏具有国际竞争力的大企业是不争的事实。中国企业的生存时间明显较短,与发达国家相比存在较大的差距,这制约了企业竞争力的培育,不利于国家发展与经济增长。

中国企业的生存时间主要集中在4~6年,中位生存时间为5年(陈勇兵和蒋玲多,2012),中小企业的平均生存时间为2.5年,集团企业的平均生存时间为7~8年。相比之下,发达国家企业的平均生存时间为30~40年(毛其淋和许家云,2016)。一国的经济增长和全球竞争力都建立在具有强大竞争力的企业的基础上,以企业的市场存活为基本条件。企业的市场存活,与其自身的异质性因素直接相关。在"大众创业、万众创新"的背景下,考察进入市场的企业的存活情况具有极强的现实性。而企业异质性特征中的规模和全要素生产率两个核心变量对企业生存的影响,就是事关经济增长的第一个微观基础问题。

互联网的普及、大数据技术的成熟和人工智能突飞猛进的发展等,促使企业间联系日益紧密,不断强化本就错综复杂的企业间网络链接,形成了日益重要的企业网络虚拟空间。根据社会网络理论,企业在网络空间中的位置,将影响其获取技术信息的便利程度及资源的控制优势,从而影响企业的全要素生产率。因此,企业网络位置的动态调整与企业全要素生产率演进之间的关系,成为事关经济增长的第二个微观基础问题。

很显然,企业在空间上并不是均匀分布的,那么在空间上的进入与退出活动也必然是块状的。经济活动的空间不均匀,导致了较为普遍的经济空间集聚现象,进而对经济增长、生产率、技术进步和扩散等产生影响。新经济地理学认为,经济活动的空间分布取决于集聚力和分散力,即本地市场效应和价格指数效应产生的向心力与市场拥挤效应产生的分散力等的共同影响,导致企业发生更替现象,进而造成地区间生产率差异。那么,空间集聚如何通过企业更替机制影响区域生产率,就是事关经济增长的第三个微观基础问题。

企业的异地进入具体表现为企业在不同区域间迁移,或者是设立子公司的投资决策。由于区域间经济发展差异和要素禀赋的不同,企业在不同区域空间的进入和退出,能够优化包括研发人员和研发资本在内的创新要素在空间上的配置。而企业作为研发要素的所有者和使用者,其异地进入行为必然引起生产技术和研发要素在空间上的溢出和流动,进而对区域的创新产生极化效应或扩散效应,即可能存在收敛效应,也可能存在发散效应,进而影响区域经济增长。那么,企业的异地进入对区域创新产生了怎样的影响,成为事关经济增长的第四个微观基础问题。

进一步看,企业的异地进入无疑也会影响到区域的一体化水平,进而影响区域经济增长。在促进区域市场一体化的诸多因素中,企业是关键的微观基础和驱动力之一。企业通过在异地设立子公司或者入股当地公司的形式,突破市场的分割,产生竞争效应和技术溢出效应,促进市场的一体化,推动区域市场的整合,便利资源要素在更大的范围和主体之间优化配置,从而促进区域经济增长。长三角地区的企业异地进入与市场一体化的经济增长效应极具典型意义。长三角地区上市企业数量从2000年的260多家迅猛增加到2019年的1 230多家,约占同期沪深两市上市公司总数的三分之一,其中,制造业企业有820多家,占比接近70%。公司急剧扩张的同时,其子公司也遍地开花,地理空间分布也越发广泛。截至2018年年末,长三角地区的制造业上市公司在区域内设立的子公司超过了3 300家,表明长三角地区上市公司的异地投资是区域资源优化配置的重要渠道之一,为区域市场一体化提供了有力支撑,促进了区域产出的增长。基于企业市场进入视角的分析可以看出,企业存活和生产率是宏观经济增长的必要微观基础,而区域生产率和创新是宏观经济增长的直接推动因素。在前述四个问题的基础上,选择长三角地区为研究对象,分析企业异地进入与市场一体化的经济增长效应,可以系统地考察企业进入动态的宏观增长效应,探寻微观企业层面的影响及其机制并为完善长三角一体化发展战略提供决策参考。

环境规制是社会可持续发展和经济高质量增长的重大命题。在经济增长为目标导向的阶段,地方政府选择较低的环境规制强度,以促进当地经济的发展(杨继生和徐娟,2016)。随着高质量发展目标的确立,环境规制强度逐步上升。企业作为环境资源消耗和污染物排放的主体,正是环境规制的主要对象。环境规制强度的上升势必影响到企业的投资决策,进而促进经济的高质量增长。

企业是经济发展和技术创新的主体,其市场进入动态行为直接影响经济的稳定增长。本书聚焦于环境规制、企业进入和经济增长,试图回答如下问题:环境规制如何影响企业的进入行为和经济增长,且表现出怎样的特征?问题的回答,对于完善中国的环境规制政策,发挥企业的市场主体作用,夯实中国经济高质量增长的微观基础具有重要意义。

此外,经济增长理论研究与经验实证分析越来越强调微观基础,考察对象已经从国家、区域及产业等宏观层面转向了微观企业层面。早期关于影响经济增长因素的研究,大多关注资本、劳动、技术等较为宏观或者抽象的指标(Solow,1956;Romer,1990),即使研究中涉及企业,也大多将企业看作同质性的个体集合。企业的市场进入和退出、组织变革、企业管理、研发创新、空间迁移及其自身规模改变等广泛而复杂的异质性动态行为无疑是经济增长的活力来源,也是经济增长在空间和时间上的表现。发端于熊彼特(Schumpeter)的"创造性破坏"思想的垂直创新增长模型(Aghion 和 Howitt,1992)、企业动态与成长模型(Klette 和 Kortum,2004)、异质性创新增长模型(Akcigit 和 Kerr,2018)等理论,借助企业进入和退出动态构建模型的基本运行机制,较好地体现了企业异质性因素,强调创新驱动经济增长,是内生经济增长理论发展较为热门的前沿理论分支。随着关注异质性企业动态影响经济增长的研究文献急剧涌现,有的学者甚至向更为微观的企业异质性管理行为层面渗透(Akcigit 等,2021)。这些研究都为从微观企业层面关注企业动态对经济增长的影响进行分析提供了丰富的理论基础。同时,大数据技术的发展、企业微观数据获取和分析门槛的降低,以及计量工具和方法的迅速发展,为探究企业动态与经济增长的逻辑关系提供了坚实的数据基础和技术可行性。

总的来说,中国经济的持续稳定增长,宏观上得益于改革开放的制度革新和法治保障,微观上源于企业的发展和技术创新。在制造业企业的国际竞争愈演愈烈的国际背景下,立足于中国制造业对于经济高质量增长起到基础性作用的现实,关注制造业企业动态的增长效应极具现实性和紧迫性。同时,以熊彼特经济增长理论为代表的相关理论迅速发展,且企业级微观数据的获取越来越容易,应用越来越广泛,也为本书的研究提供了丰富的理论基础和数据支持。

二、研究目的与意义

(一)研究目的

基于以上的现实背景和理论背景,本书以熊彼特经济增长理论为基础,将企业动态与其活动的场景相关联,遵循从微观到宏观的分析逻辑路径,构建本书的理论分析框架,逐步展开微观机制分析并提出研究假说,然后采用上市公司和中国工业企业数据库中的制造业企业数据,进行实证分析,试图揭示企业动态对于中国经济增长的微观影响及其机制,以便从微观企业层面寻找促进中国宏观经济增长的对策。具体来说,本书的研究目的主要包括以下几个方面。

(1)本书从企业动态相关文献出发,以企业动态为线索,回顾相关经济增长理论并在标准的熊彼特范式数理模型中推演企业动态的影响机制,然后对前述理论做简要述评,力求深刻把握企业动态的内涵及其在经济增长理论中的机制,为开展后续分析奠定理论基础,获得文献支撑。本书遵循熊彼特经济增长理论的基本逻辑,基于企业活动的具体场景,使企业动态具象化并从企业异质性出发,按照从微观到宏观的层次顺序,构建本书的分析框架,依次分析企业动态对于企业市场存活、企业生产率、区域生产率、区域创新、区域经济增长的影响及机理,在对相关理论拓展补充的同时,也为后续的经验分析提供理论指引和验证目标。

(2) 本书基于熊彼特"创造性破坏"理论,进一步深化企业动态的机制,将基本的企业进入、退出动态,引入到不同的场景,诸如空间进入、空间集聚、更替重置、网络链接等,探究更为广泛意义上的企业动态影响经济增长的机制,发掘更为具体的经济增长微观逻辑并从微观层面探寻完善宏观经济增长政策的方案。

(3) 本书分别从企业异质性规模、企业网络位置、企业空间集聚、企业异地进入等具体的企业动态出发,构建了企业动态影响企业市场存活、企业生产率、区域生产率、区域创新空间收敛和区域经济增长等变量的计量模型,利用中国制造业企业微观数据进行深入的实证分析,量化了制造业企业动态对宏观经济变量的微观影响,同时也有效地验证了各个主题中所提出的研究假说。

(4) 基于文献的梳理、理论逻辑的推演和经验证据的实证等所得到的结论,结合计量模型中的核心变量,本书为优化中国制造业企业动态的增长效应提出有针对性的政策建议并为中国的企业发展、产业结构调整和区域协调等经济发展政策提供理论支撑与经验依据。

(二) 研究意义

虽然熊彼特经济增长理论是当前内生经济增长理论中发展最为迅速、最为前沿的分支之一,但其理论框架还需完善,尤其是模块化嵌套的特征,为其进一步深入发展提供了无限的空间。就本书选题视角而言,企业动态在熊彼特经济增长理论中是"创造性破坏"的实现机制,但是理论研究的焦点主要是研发创新促进了生产率与产品质量提高,进而推动经济增长。而关于企业动态,主要是直接借鉴了产业组织理论和专利竞争相关文献中的概念和机制,通常限于企业市场的进入和退出。本书关注企业动态本身,以其活动的场景加以识别,从企业异质性规模动态、企业网络位置动态、企业空间集聚动态、企业的更替动态、企业的空间进入动态等多个维度拓展了企业动态的内涵,并且考察了这些维度的企业动态分别对企业市场存活和生产率、区域生产率和创新及区域经济增长等经济指标的影响机制,还基于企业级数据构建了产业空间集聚、企业更替、市场分割指数等常见指标的新算法,从而丰富了企业动态理论研究和分析工具并深化了熊彼特经济增长理论的企业动态机制研究。

随着中国微观企业数据的获得门槛降低,越来越多的文献从企业层面探讨中国的宏观经济现实问题。本书关注中国经济高质量发展和"智造强国"战略背景下的制造业企业动态的增长效应,遵循从微观到宏观的逻辑过程,探讨多维企业动态对企业市场存活和生产率、区域生产率和创新、区域经济增长等的影响及机理,服务于中国制造业发展和经济高质量增长的同时,无疑是将现有的微观分析向更广的范围和更深的层次推进。对于诸如产业空间集聚、企业进入和退出、企业更替、市场分割等广泛使用的经济指标,从资源配置的角度对原有估计方法改进和完善,基于企业微观数据提出新算法,更能体现企业作为资源配置主体的关键作用,并且遵循必要的统计规则约束,有助于保证实证分析的科学性和结论的精准性。基于微观企业数据与宏观经济指标结合的数据集,展开严谨的计量分析,有助于理解中国制造业企业在多个维度的动态演进,为客观分析中国制造业企业驱动经济增长提供了一个有益的微观视角,同时为提高制造业企业绩效和市场竞争力,进而促进经济高质量增长提供决策参考。

因此,在国际制造业竞争日趋激烈的背景下,以中国经济高质量发展与"智造强国"战略为指引,本书选择中国制造业企业为研究对象,聚焦于制造业企业动态的经济增长效应及其微观机制分析,选题具有较高的理论价值和实践意义。

第二节　研究思路与研究方法

一、研究思路

由于企业动态的微观复杂性,以及经济增长的多源性,本书试图通过融合企业动态内涵扩展的逻辑线索和从微观到宏观的递进逻辑线索,以构造本书的研究思路(图1-1)。

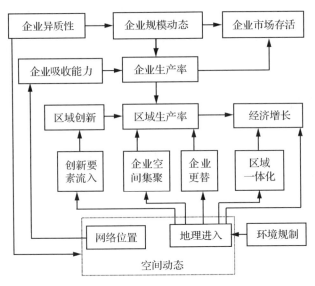

图1-1 研究思路

(一) 两条逻辑线索

第一条逻辑线索是企业动态内涵扩展的逻辑线索。经济增长理论中企业动态的内容主要从产业经济学中借鉴而来,强调的是市场进入、退出,具有一定的抽象性和非直观性,制约了其对具体微观问题的解释力。而且笼统的产业或者行业的进入和退出,主要体现的是时间维度的思考,缺乏空间及企业异质性特征的多维度思考,导致其概念覆盖范围不够宽,比如,企业的地理空间动态仅体现在新经济地理学的空间集聚理论中。本书基于资源配置的视角,紧密联系企业的市场进入、创新投资、竞争合作等经济活动的现实场景,将企业动态推进到异质性规模动态、企业网络位置动态、空间集聚动态、异地进入动态等更为具象化的细分层面,从而可以更为细腻地考察具体的企业动态的影响,深化企业动态机制理论,以期能反哺相关经济增长理论。这是本书企业动态内涵扩展的逻辑线索。

第二条逻辑线索是微观—宏观递进的逻辑线索。企业动态对经济增长的影响是一个从微观到宏观的过程。企业的经济活动是微观层面的个体决策,其目标是自身利益最大化。那么,企业首先需要解决市场存活和最优全要素生产率这两个问题,前者是一切的前提条件,后者是资源最优配置的依据。实现各自最优全要素生产率的企业在空间上的集聚及其产生的竞争与合作、优胜劣汰的更替将决定区域层面的生产率水平。进一步看,企业在区域间的进入和退出带动了创新要素的区际流动和重新配置,进而对区域创新产生溢出和扩散效应。以上企业动态从微观到宏观的过程,能够影响区域的经济增长。由此,本书以企业的市场进入为起点,遵循从企业市场存活和生产率,到区域生产率和创新,再到区域经济增长的微观—宏观逻辑顺序,循序渐进地展开分析。

(二) 总体研究思路

本书旨在探讨中国制造业企业动态对经济增长的影响效应及其微观机制特征。从基本的现实背景和理论背景出发,对企业动态行为的现实背景和熊彼特经济增长理论的企业动态机制进行梳理归纳并有效地识别和凝练,最终提出本书要深入分析两条逻辑主线:一是将企业动态与企业活动的场景关联,扩展企业动态内涵,进一步使企业动态具象化,探索企业动态机制深化发展路径;二是遵循从微观到宏观的递进过程,从企业异质性特征分析,逐渐向宏观区域层面进发。沿着两条逻辑主线开展研究,能够揭示各种具体企业动态的影响及其底层逻辑。首先,从企业异质性切入,探讨进入企业的异质性规模与生产率对市场存活的影响;然后,考虑到在企业间网络中,企业的位置能够影响其获取技术信息,或控制资源的能力,进一步考察企业位置对企业生产率的影响;紧接着,考察企业在地理空间上的集聚,通过企业更替,进而对区域生产率产生影响;接下来,考察企业异地进入通过创新要素的流动,产生的区域创新的收敛情况;最后,在前述分析的基础上,讨论企业进入对区域经济增长的影响。

围绕企业动态的增长效应这一核心命题,本书的研究目标可以细分为以下几个方面:第一,分析企业动态影响经济增长的内在机制,试图从理论层面展开分析,即从理论上揭示企业动态与经济增长之间存在怎样的逻辑关系;第二,结合中国的实际情况,从微观到宏观逐步推进,对企业动态在各个层面的影响进行实证分析,即从实践经验上回答企业动态的增长效应表现出怎样的特征及具体的作用机理;第三,探讨如何优化企业动态对于经济增长的影响,即探寻发挥企业动态增长效应的有效措施。以上总体研究目标及细分研究目标是基于本书的核心研究内容而来,而明确的研究目标进一步决定了本书的研究思路。

根据以上分析逻辑主线和研究目标,本书遵循"整体分析—局部论证—整体总结"的研究思路。基于整体的框架分析以阐释企业的市场进入与退出是"创造性破坏"的实现机制,进而支持了创新驱动经济增长的理论。而对企业市场进入与退出的简单机制化处理,并未深刻认识到企业动态本身意味着资源重置的深层意义,也不利于进一步推进创新驱动经济增长理论的深入发展。因此,在所构建的企业动态的增长效应理论分析的整体框架下做了初步分析后,为了对企业动态产生增长效应的详细机制展开进一步讨论,本书将着眼于局部具体经济问题,按照"具体问题具体分析"的原则,融合企业动态内涵的场景扩展逻辑线索和从微观到宏观的层次逻辑线索,逐步探究企业动态的增长效应的具体影响机制并提出研究假说,接着基于中国制造业企业数据展开实证分析。在对所关注的内容进行理论探讨和经验分析之后,从整体上总结制约制造业企业动态增长效应的一系列因素及其产生原因并对如何优化企业动态的增长效应提出详细的、有针对性的政策建议,从而体现研究的实践意义,使本书的研究结论在促进企业动态增长效应、优化资源配置、促进创新驱动经济增长等方面发挥重要作用。最后,对于未来的研究拓展,做出展望分析。

二、研究方法

本书主要考察与活动场景密切相关的多维度企业动态通过多层次微观因素影响经济增长的机制。为使研究结论具有较高科学性和较强稳健性,本书从多层次、多维度,采用多种方法进行分析。本书采用的主要研究方法如下。

(一) 从微观到宏观的规范分析与基于企业级数据的实证分析相结合

在回顾企业动态的含义后,本书以其为线索梳理经济增长理论并从总体上述评相关理论,遵循理论分析的基本范式,尝试搭建企业动态增长效应的理论分析框架。在这个理论框架下,根据从微观到宏观的层层递进的逻辑顺序,对中国制造业企业动态增长效应的微观机制做规范分析并提出相应的研究假说。在理论分析的基础上,本书采用中国制造业企业数据,对企业动态的增长效应机制进行实证分析,有效地验证了研究假说,从而做到了规范分析和实证分析相结合。

(二) 企业微观分析与区域宏观分析相结合

熊彼特经济增长理论研究的一大特点就是从微观企业层面解释宏观经济问题。本书遵循该理论的逻辑框架,构建出从微观到宏观的基本理论分析框架,将中国制造业企业的微观数据与宏观数据相匹配,合并成多维面板数据集用于计量实证分析,探讨微观企业动态如何影响宏观经济增长的逻辑过程。对企业市场存活和生产率的考察是典型的微观分析,而对区域创新和经济增长的考察是宏观分析,从前者到后者的逐步分析正是从微观到宏观的思考。而从微观企业数据出发,通过均值测度区域或者整体的对应经济指标,比如使用区域内企业生产率的均值衡量地区生产率水平,充分体现了微观层面分析和宏观层面分析相结合的分析方法。因此,无论是理论分析,还是数据集的构造,都是微观层面和宏观层面的融合。

(三) 中国经济整体分析与长三角地区局部分析相结合

在讨论企业异地进入的影响时,从中国的整体考察企业的异地进入对区域创新的收敛影响及其机制,然后选择长三角地区展开增长效应的分析,应用了整体分析与局部分析相结合的分析方法。事实上,全书的分析都是基于企业层面分析,试图找到解决宏观问题的答案,整体与局部紧密结合,贯穿始终。

(四) 数理推演和归纳演绎相结合

在分析企业异地进入影响区域创新收敛时,本书借鉴产品转换模型,构建企业异地进入创新收敛模型,尝试通过数理模型的逻辑推演,分析企业空间进入的动态产生创新收敛的机理并根据机制分析结果提出研究假说。而在分析诸如企业空间集聚与区域生产率、企业网络位置与其全要素生产率等问题时,则通过归纳演绎法进行机制分析并提出假说。纵观全书的理论基础、理论框架和问题分析,都始终将数理推演和归纳演绎相融合。

第三节 研究框架与研究内容

一、研究框架

基于企业动态研究的基本逻辑过程构建本书的理论分析框架,统驭全书的内容架构、分析层次和系统性内在机理。

(一) 基本分析过程

本书在具体的企业活动场景所勾勒的细分企业动态是否恰当?如何测度?各自在促进经济增长中扮演什么样的角色?本书所关注的循序渐进的微观—宏观相关经济变量,都受到了企业动态怎样的影响?表现出怎样的机制特征?这些问题将在后续各章的文献梳理、理论机制分析与实证检验中寻求答案。而本节内容主要遵循企业动态的场景属性分类的具象化内涵扩展和从微观到宏观的递进顺序的企业动态影响两条逻辑主线并融合前述理论基础,试图厘清本书开展研究的基本理论依据,为后续分析的整体性和连贯性奠定了逻辑基础。

现有研究在构建理论模型的过程中,将企业动态作为模型基本机制的分析,大多指的是较为狭义的企业动态,即企业的市场进入与退出。这仅仅反映了企业动态的时间维度特征,而忽视了企业动态的空间维度特征。企业作为市场活动的主体,在一定时期内具有一定的异质性特征并在特定的社会网络空间和地理空间进行生产活动。单纯考察时间维度的企业动态是古典经济理论的传统。新经济地理学关于经济活动的空间性及其影响已经有了非常系统的阐释。基于此,本书的第一条逻辑线索就是将企业动态与企业的特征和活动空间相关联,从而扩展了企业动态的内涵,也可以说为企业动态贴上了空间异质性标签,识别出更为具体的企业动态,为本书从多个企业动态视角展开分析确立了起点。

进一步看,具体的企业动态对应着不同的经济问题:企业异质性规模动态影响企业市场存活;企业的网络位置动态影响企业生产率;企业的空间集聚动态影响区域生产率;企业的异地进入影响区域创新与经济增长。这些经济问题按照从微观到宏观的排序,基本构成了微观企业绩效到宏观经济增长表现的渐进逻辑过程。企业的市场存活是其动态效应的基础,成为本书分析的第一个基础性问题。当然,企业市场存活也受到其生产率的影响。关注企业生产率受到企业动态的影响就成了本书分析的第二个基础问题。本书从企业网络位置的视角,总体分析企业的信息获取能力和社会资本控制优势对生产率的影响,在推进企业动态影响机制分析的同时,也反映了企业动态背后非常复杂的社会环境。至此,对企业市场存活和生产率的探讨,为后续的区域层面的分析奠定了必要的基础。企业空间集聚是企业经济活动的通常现象,伴随集聚的是企业的更替过程,优胜劣汰的结果就表现为整个区域的生产率得到持续改善。这里可以看到,单个企业的生产率是区域生产率的基础,区域生产率不过是所有企业的生产率在总体上的表现。企业的异地进入所带来的创新要素,在形成自身优势的同时,也产生了区域溢出,促进了区域间的创新收敛,进而会促进区域的经济增长。至此,本书基本完成了从微观企业绩效到区域经济增长的全过程机制分析,深化了企业动态机制,也较为细致地刻画了从微观到宏观的传导机制。

综上所述，本书紧密围绕企业动态的经济增长效应及其机制，融合企业动态内涵扩展的逻辑线索与从微观到宏观的递进逻辑线索，搭建了本书的理论分析框架，如图1-2所示。

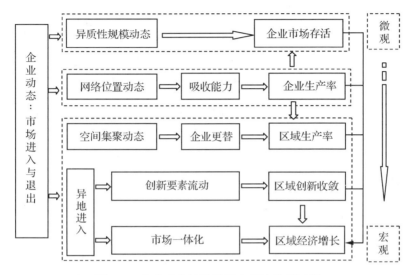

图1-2 企业动态的增长效应理论分析过程

（二）总体研究框架

以企业动态对经济增长的影响及其机制研究为核心，根据以上的研究背景、目的及意义，研究思路和方法，结合已有文献，本书研究主要遵循如下技术路线展开，进而搭建起本书的研究框架：

第一，在梳理企业动态及与其相关的经济增长理论的基础上，把握企业动态研究的内涵，结合中国经济发展的形势和制造业企业的市场表现，构建全书的理论分析逻辑并据此设计全书的内容结构安排。

第二，从熊彼特经济增长理论中的企业动态机制出发，将企业市场进入与退出的简单动态与企业具体的特征和活动场景相关联，以扩展其内涵，即将企业进入、退出动态扩展到企业异质性规模动态、企业网络位置动态、企业空间集聚动态、企业异地进入动态等更为具体的企业动态机制层面，从而分割出章节的具体条块，为全书架构做好条目准备。

第三，本书将企业动态影响的具体对象按照从微观到宏观的顺序递进展开，即从企业的市场存活和生产率，到区域生产率和创新，再到区域经济增长的过程，作为前述章节具体条块的排序依据，也是本书总体机制分析的逻辑过程，从而形成了本书研究的核心架构。

总体来看,本书的研究架构是以揭示企业动态的增长效应及其机制为目标,从研究背景的阐释中提出企业动态的增长效应机制研究的现实和理论意义,试图从微观企业异质性特征出发,揭示具体的企业动态在企业市场绩效到经济增长的完整过程中所起到的机制作用,并且针对发现的问题提出相应的对策与建议。因此,本书的研究框架搭建,基本符合"提出问题—分析问题—解决问题"的科学研究一般范式。具体的研究结构框架,如图1-3所示。

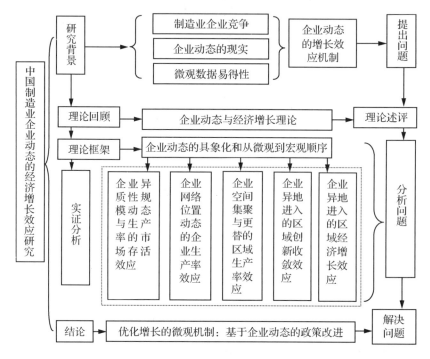

图1-3 研究结构框架图

二、研究内容

本书以国际制造业竞争和中国经济高质量增长转型发展为背景,以中国制造业智能制造发展战略为指引,试图从熊彼特经济增长理论出发,构建企业动态的增长效应理论框架,分析制造业企业动态对经济增长的影响及其机制,并且进一步利用中国制造业企业微观经济数据,结合宏观经济数据,对理论研究假说进行经验分析和验证。具体来看,本书首先对企业动态及其与经济增长相关的研究文献做了梳理综述和分类归纳,通过标准的熊彼特经济增长理论的数理模型推演企业动态的影响机制并对理论做了简要述评,为后续研究奠定理论基础;其次,将企业动态与企业活动的场景相关联,对企业进入动态分类并遵循从微观到宏观的基本逻辑层次开展理论分析,为本书后续研究构建理论框架;然后,分别对各个具体的企业动态的影响机制展开分析,提出研究假说,构建合适的计量模型,有针对性地检验相应企业动态的影响,进而循序渐进地揭示企业动态对经济增长的微观影响及机理;最后,给出本书的研究结论和政策启示,并且根据本书的一些待解决问题,展望进一步研究的方向和领域。

第四节 创新之处

在制造业企业竞争日益加剧的国际大环境中,基于中国经济高质量发展的背景,本书试图通过联系不同的具体场景,扩展企业动态的内涵,使其具象化,并且遵循从微观到宏观的逻辑顺序,构建企业动态增长效应的理论分析框架,考察企业进入对企业市场存活与生产率、区域生产率、创新、经济增长等多个核心经济指标产生的影响及其微观机制。在此过程中,本书将涉及扩展企业动态范畴、搭建理论框架、推演数理模型、设置计量模型、测度核心指标及"清洗"复杂微观数据等工作。相对于已有研究文献,本书主要试图在以下三个方面有所贡献:

(1)遵循从微观到宏观的逻辑过程,深化企业动态机制的系统研究。不同于已有文献从企业市场进入、退出及企业规模、企业年龄等较为单一的特征维度的分析,本书将企业动态与具体的企业活动场景相联系,使其进一步具象化,形成从微观企业层面到宏观区域层面的演进过程,具有较强的逻辑性。进一步看,本书聚焦于逐层递进的企业动态的影响机制分析,提出研究假说并验证,是对已有企业动态理论的深化,扩展了企业动态理论及其应用领域。同时,使企业动态机制的内涵更丰富,也为熊彼特经济增长理论中"创造性破坏"提供了更丰富的实现机制,有助于推进理论模型的发展,加强对具体现实问题的解释力。

(2)构建企业异地进入创新收敛机制分析的数理模型。借鉴产品转换模型的基本框架和推演逻辑,本书将空间进入和创新要素流动引入模型,替换产品的转换和技术跃迁,构建了新的数理模型,并且将它应用于企业空间进入带动创新要素流动,进而影响空间创新收敛的机制分析,这是将微观理论模型应用于宏观经济增长问题分析的有益尝试。

(3)基于企业层面微观数据提出了产业空间集聚引力指数和市场分割指数的新算法。得益于企业微观数据和空间信息数据的丰富性和易得性,本书对产业集聚程度和市场分割指数提出新的测度方法并应用于本书的经验分析,效果良好。新的测度方法有两个。第一个是产业集聚中心引力指数引力模型。基于企业层面的微观数据,包括地理位置和产值等指标,应用引力模型测度产业集聚度,识别产业空间集聚程度及其地理空间分布特征。该方法弥补了基于产值测度方法忽视空间分布而基于距离方法产值权重应用不足且无法确定地理位置的缺陷。第二个是市场分割指数空间价格法。市场分割是具有空间属性的概念,但是已有的市场分割指数的测度方法普遍对于关键的空间因素选择了忽略。鉴于此,本书基于被广泛使用的相对价格法,融合地理空间距离、经济空间距离因素,提出了空间距离法测度市场分割指数的新方法,基本步骤是:首先,应用城市的地区生产总值指数构建城市间价格变动矩阵;其次,应用城市间的地理距离和经济距离分别构建距离矩阵,进行标准化处理后求三个矩阵的哈达玛积;最后,按照城市,逐行求取非零值的方差,记为该城市的市场分割指数。

第二章 企业动态视角的经济增长理论回顾

本章从企业动态的概念切入,梳理与之相关的经济增长理论发展脉络,做简要述评,并且按照从企业微观表现到区域层面宏观经济增长的递进过程,构建本书研究的分析框架。

第一节 企业动态的含义

法国经济学家吉布拉(Gibrat)在其代表作《非均衡经济学》中对企业规模、企业成长性及产业结构的关系进行了开创性的研究(Sutton,1997),而微观企业行为逐渐成为经济研究的主要对象之一是随着产业组织理论的发展而来的。伯奇(Birch)于1981年考察了美国的就业岗位创造和消失过程,开启了企业动态研究。企业动态研究逐渐发展出两个相互补充的领域(Malerba,2006):一是以企业进入、成长、成熟和退出为核心内容的研究,与经济学关系紧密;二是以企业的知识能力、组织制度及其演化为核心内容的相关研究,与管理学关系更为紧密。随着经济研究越来越强调对微观基础的探讨,对企业动态的研究越发成为经济学家关注的焦点。但是,由于企业动态涵盖范围较广,研究主题较为庞杂,尚未有统一而明确的定义。通常认为与经济相关的企业动态主要探讨企业产生、发展、衰亡这一动态演化过程,其中包含诸如企业的进入和退出情况、成长规律、规模分布演化、研发投资情况等一系列企业经济现象(邵宜航和李泽扬,2017)。本书的目的是探讨企业动态的经济增长效应,因此所探讨的企业动态主要是与经济相关的企业动态,且主要聚焦于企业异质性规模、进入与退出等。

第二节 现代经济增长理论从外生到内生的演进

现代经济增长理论纷繁复杂,流派众多。杜特(Dutt)于2007年将新古典经济增长理论,以及基于此发展起来的内生经济增长理论归为所谓的"正统"经济增长理论,也称之为主流经济增长理论,而采用其他分析范式构建的经济增长理论被视为"非正统"经济增长理论,或者是非主流经济增长理论。本书对于现代经济增长理论发展脉络的勾勒,遵循了上述思路,删繁就简。

一、现代经济增长理论的发端

经济增长关乎人类生存和福祉,其相关问题是经济学家关注的永恒话题。虽然关于经济增长问题的探讨散见于以斯密(Smith)、马尔萨斯(Malthus)和李嘉图(Ricardo)等为代表的古典经济学家的著作当中,但这些更多只是经济增长思想的启发和萌芽。真正意义上的现代经济增长理论发端于哈罗德-多马模型(Harrod,1939;Domar,1946),形成了现代经济增长理论的基本框架并开创性地将数理经济方法应用于经济增长理论研究。该模型提出了较为严苛的假设条件,基于凯恩斯的有效需求理论,在短期分析中引入了长期因素,研究产出增长率、储蓄率、资本产出比三者之间的相互关系,从而考察长期经济增长和就业稳定的条件,强调储蓄率的提高和资本积累对于经济增长的重要意义。由于受到理论假设的局限,在劳动要素和资本要素不能相互替代的前提下,难以同时实现充分就业的稳定状态,所得到的稳定增长路径被称为"刀刃上的均衡"。哈罗德-多马模型虽然存在很大的缺陷,但是其对增长理论的发展具有开创性意义,尤其是其对储蓄和资本积累的重视,为增长理论的进一步发展奠定了基础。

二、新古典经济增长理论的兴起

哈罗德-多马模型的进一步扩展,主要从资本和储蓄两条线索展开。首先,从关注资本在经济增长中的作用出发,发展出了索洛-斯旺模型(Solow-Swan Model,简称"索洛模型")。因为受限于凯恩斯有效需求理论的短期性,哈罗德-多马模型设定的生产函数具有固定的技术系数。然而,从长期来看,劳动和资本两种要素是可以相互替代的。索洛(Solow)和斯旺(Swan)于1956年修正了生产函数假设,将固定技术系数生产函数替换为生产要素可以相互替代的柯布-道格拉斯(Cobb-Douglas)生产函数,即新古典生产函数,构建出新古典增长模型,以考察长期的经济增长稳态。假设储蓄可以全部转化为投资,规模收益不变,并且资本的边际收益递减,则经济的增长动力来源于人均资本的不断积累。由于受到边际报酬递减的约束,经济的长期稳定增长取决于人口的增长,或者外生的技术进步。其次,强调储蓄的作用。假设储蓄率可变,将储蓄分为工资储蓄和利润储蓄,从收入角度拓展哈罗德-多马模型(Kaldor,1957),试图解决刃性增长问题。但是限于模型使用短期工具分析长期问题的先天性缺陷,储蓄理论也只能是对哈罗德-多马模型的有限修补。

三、半内生经济增长理论的探索

针对新古典增长模型的缺陷,许多经济学家对经济增长的内生性开展了富有创见的探索,典型代表模型是关于储蓄、资本的内生化处理的模型。首先,通过把储蓄内生化处理,构建了拉姆齐-卡斯-卡普曼斯模型(The Ramsey-Cass-Koopmans Model,R-C-K模型)。该模型关于储蓄内生的研究具有开创性意义,为后续经济增长的内生性探索指明了方向。但是由于受到边际产出递减的约束,储蓄的内生并不能突破新古典增长模型的固有局限,长期的经济增长仍然由外生的技术决定。其次,将技术进步看作资本积累的副产品。阿罗(Arrow)于1962年提出了"干中学"(Learning By Doing)模型,认为厂商不仅可以通过投资积累生产经验并提高生产率,生产过程中的副产品技术在促进自我生产率提高的同时,也可以被其他厂商学习而提高生产率,即技术具有非竞争性和外部性(Sheshinski,1967)。该模型在技术内生化、建立收益递增与竞争均衡动态模型方面的贡献,为内生增长理论发展提供了重要的理论基础,但是依然未能突破新古典增长理论假设的固有局限,技术虽然内生化了,但是其进步率却取决于外生的人口增长率。最后,修正新古典增长模型中单一部门的假设,建立物质生产部门和人力资本生产部门(或者教育部门)的两部门经济增长模型(Uzawa,1965),试图将技术内生化。该模型设定了线性的人力资本生产函数,通过人力资本生产部门要素非递减的边际收益抵消物质生产部门要素的边际收益递减,实现经济的长期持续增长。但该模型存在与"干中学"模型一样的缺陷,即技术进步率依然受限于外生的人口增长率。

对储蓄和资本的内生化努力,受到边际收益递减和人口增长率的约束,最终未能解决索洛余量(Solow Residual)问题,未能将技术进步完全内生化,因此上述理论常被称为"半内生经济增长理论"。但是上述模型及其内生化的思想和技术,特别是"干中学"模型和人力资本模型从20世纪80年代中期开始得到了突破性的进展,"知识溢出"成了关键线索之一。此外,随着经济实践的发展,以及对知识及其溢出的认识拓展,古典经济增长的思想和方法也成为内生经济增长理论发展的重要推动力。

四、内生经济增长理论的突破

新古典经济学家通过研究,认识到了企业的外部经济与内部经济对经济增长的重要意义(Marshall,1920)。正是外部性理论的发展,为内生经济增长理论的发展提供了关键支持,并且主要沿着技术外部性和人力资本外部性两条路线扩展。

首先,综合企业外部性的思想,沿着"干中学"模型中资本积累的副产品——技术进步外部性的研究思路,设定了包含技术的生产函数,构建了知识溢出模型(Romer,1986),相应的论文被认为是内生经济增长理论的开山之作。在知识溢出模型中,知识溢出是经济增长的唯一源泉。该模型假定:① 知识是内生变量,是追逐利润的厂商进行物质资本投资的产物;② 知识具有溢出效应,能够提高全社会的生产率,而无论知识来自哪一个厂商。既然存在外部性,厂商的知识生产成本就大于收益,在没有政府干预的情况下,分散经济的竞争性导致经济均衡增长率低于社会最优增长率。针对这样的情况,政府需要干预知识生产过程,即对知识生产厂商提供补贴,而对其他厂商征税。这样的政策能够对全社会的知识生产产生激励作用,诱导一定量的要素流向知识生产部门,激励厂商研发,提高经济增长率和社会福利水平。

其次,与知识溢出模型不同的是,基于两部门经济增长模型,从人力资本外部性的角度解释技术的内生化,提出了人力资本模型(Lucas,1988)。通常认为知识的获得通过两种途径:一是源自阿罗的"干中学"的思想,即知识来自实践经验积累;二是来自学校教育和研究与试验发展(R&D)活动,这一途径更为普遍。知识溢出模型内生了从实践中获得的知识的增长,却忽视了更为普遍的、对知识积累和技术进步作用更大的科研和教育部门。人力资本的溢出效应可以理解为向他人学习或者相互学习,这意味着一个具有较多人力资本的人,对其他人产生了有利的影响,进而可以提高群体的生产率。人力资本模型不需要外生力量,人力资本的外部性就可以实现经济的持续增长。而人力资本的持续增长是知识创造和溢出的过程。与罗默(Romer)通过物质资本的生产积累过程实现的知识溢出的内生思想不同,卢卡斯(Lucas)通过人力资本生产过程实现知识的积累和溢出。

五、内生经济增长理论的发展

早期的内生经济增长模型基于完全竞争的框架,强调物质资本或者人力资本驱动经济增长。由于完全竞争并不能反映经济现实,同时资本在不同的研究文献中具有不同的定义,人力资本的概念更为模糊,都广受质疑。基于此,内生经济增长理论逐渐向不完全竞争市场结构和技术进步实现的微观机制两个方面扩展,形成了创新驱动经济增长的内生经济增长理论新阶段。

由于知识溢出模型基于"干中学"的完全竞争理论框架,其主张如收益递增与完全竞争相容,以及由此推导出的经济增长率的收敛性都受到质疑。垄断竞争市场结构的假设很好地反映了社会事实,因此在知识溢出模型的基础上,引入产业组织理论中的报酬递增和不完全竞争的分析框架(Dixit 和 Stigliz,1977),修正和完善了知识溢出模型,发展出了水平创新模型(Romer,1990),其中经济增长表现为产品种类的扩张。与之相对应,发展出了产品持续改善的垂直创新模型(Grossman 和 Helpman,1991),但是依然基于完全竞争框架的分析。

经济增长问题一直是宏观经济学者关注的问题,经久不衰。但是直到1939年哈罗德(Harrod)和1946年多马尔(Domar)才建立了经济增长理论的现代形式。然而,由于模型的"刀锋型"增长条件,无法解释现实。索洛和斯旺于1956年发展了新古典增长模型,引入了外生的技术进步因素,技术进步引发了经济的长期增长。而索洛模型无法解释外生技术的来源。罗默于1986年和1990年遵循阿罗的"干中学",提出知识外溢的增长模型,将知识内生化,作为经济增长的长期驱动力。而1988年,卢卡斯则从宇泽(Uzawa)于1965年发表的论文处得到灵感,将知识溢出归因于人力资本,将经济持续增长的因素内生化。以罗默和卢卡斯的模型为代表的这种新经济增长理论最大的特点就在于将经济增长因素内生化,完全不同于索洛模型中外生的技术。因此,可将这类增长理论称为内生经济增长理论,或者新经济增长理论。

第三节 熊彼特经济增长理论的企业动态线索

20世纪90年代以来,以"创造性破坏"为核心机制的熊彼特经济增长理论迅速崛起,成为内生经济增长理论发展最为迅速的一个分支,强调研发和创新的内生机制所形成的"创造性破坏"过程是经济持续增长的动力,所得到的解释更贴近现实,所提出的建议更具有可行性和针对性,为从微观企业层面寻找宏观经济增长的线索提供了更为一般的解释框架,从而产生了丰富的分析结论,具有更具体的政策含义。熊彼特经济增长理论发展脉络概览见图2-1,也是本节理论梳理的主线。

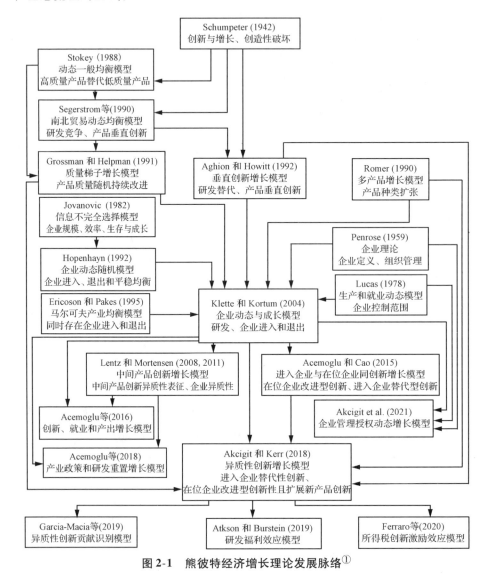

图2-1 熊彼特经济增长理论发展脉络①

---

① 为便于查找相应参考文献,图中的英文人名不做翻译。

一、熊彼特经济增长理论模型的初始化

熊彼特在《资本主义、社会主义与民主》中,阐明新的消费品、新的生产方式或运输方式、廉价的市场等,是建立和保持资本主义竞争的根本动力。这个过程不断地从内部变革经济结构,不断地破坏旧的经济结构,不断地创造新的经济结构。这种"创造性破坏"的过程是资本主义的基本事实。因此,创新或技术进步是经济系统的内生变量,创新、模仿和适应在经济增长中起着决定性作用,创新的本质是"创造性破坏",即创新在产生新事物的同时,也对原有的事物产生了破坏或替代,"创造性破坏"是经济持续增长的动力。而熊彼特经济增长理论正是沿着这个基本思路,将"创造性破坏"概念模型化并应用于经济增长实践的考察。熊彼特经济增长理论已经发展成为一个集成框架,不仅能够帮助人们理解增长的宏观经济结构,而且能够考察关于激励、政策和组织等许多微观问题与增长的相互影响(Aghion 等,2014)。

1988 年,斯托基(Stokey)基于"干中学"思想,考察经济中引入新产品的过程,所构建的动态一般均衡模型,是最早蕴含"创造性破坏"思想的经济增长模型,认为高质量产品替代低质量产品可以导致经济的持续增长。而塞格斯特伦(Segerstrom)等于 1990 年首次尝试构建熊彼特经济增长模型,通过模拟企业数量固定条件下产品质量持续改进的垂直创新来体现"创造性破坏",以解释经济持续增长,但是并未考虑创新的随机性,且是基于完全竞争框架的分析。但是他们的工作启发了"创造性破坏"引发经济增长的建模思路,为 1991 年格罗斯曼(Grossman)和埃尔普曼(Helpman)、1992 年阿吉翁(Aghion)和豪伊特(Howitt)分别建立具有"创造性破坏"特征的内生增长模型揭开了序幕。

罗默于 1986 年和 1990 年将技术进步解释为水平产品创新,认为经济增长源于中间产品数量和种类的扩张,但是未考虑产品质量的改进和产品陈旧的不确定性。格罗斯曼和埃尔普曼于 1991 年基于罗默于 1990 年提出的产品种类水平扩展模型,借鉴塞格斯特伦等于 1990 年提出的垂直创新思路,开发了质量梯子增长模型,认为产品质量的持续改进引发了经济的持续增长。每一种产品都遵循一个随机的质量阶梯,各部门的进展并不一致,因此质量的均衡分布会随着时间的推移而演变,但是总体增长的速率是恒定的,与研发部门的利润激励有关。尽管格罗斯曼和埃尔普曼于 1991 年选择了与罗默在 1990 年不同的研究视角,但是得到的结论并无太大差别。

阿吉翁和豪伊特于1992年也借鉴了塞格斯特伦等于1990年提出的垂直创新思路,从产业组织切入,提出了"商业窃取"的概念,使用知识存量和研发人员数量的函数表示创新对生产率的影响,发展了一个内生增长模型。模型中引入了企业研发竞争、企业进入和企业的更替等,认为竞争性研究部门产生的垂直创新构成了潜在的经济增长来源,成功地将"创造性破坏"思想模型化,被公认为是熊彼特经济增长理论的奠基之作。

早期的熊彼特经济增长理论文献普遍缺少对企业或者个体异质性的考察,而微观层面的数据表明企业显然存在异质性。由此,如果能考虑到微观经济的基础,那么必然会产生具有较强解释力的宏观经济模型,进而能够提供更为准确的分析和预测。

二、熊彼特经济增长理论模型的平台化

约瓦诺维奇(Jovanovic)于1982年通过构建信息不完全选择模型,首次将企业动态引入产业演进分析框架,其中产业不是由具有代表性的企业或工厂组成,而是由具有不同效率禀赋的企业组成,以考察公司规模、效率、生存与成长问题,具有开创性意义,其缺陷是在均衡时没有考察企业进入和退出。而霍彭哈恩(Hopenhayn)于1992年提出了竞争企业的动态随机模型,内生地决定了企业的进入和退出过程及个体企业的产出和就业,并且引入了平稳均衡的概念,将长期产业均衡理论扩展到考虑企业规模、增长率、进入、退出和异质性等因素,给出了平稳均衡中存在进入和退出的条件。埃里克森(Ericson)和派克斯(Pakes)于1995年提出了一个马尔可夫产业动态模型,允许企业的进入、退出和企业特定的不确定性导致企业资产的变化,分析了单个企业在不断发展的市场中寻找利润机会的行为,并且在此环境下得出了包括退出在内的最优政策,然后加入进入过程,将包括潜在进入者的所有企业的最优行为聚合为一个理性预期的马尔可夫完美产业均衡并证明了均衡过程的遍历性。1982年约瓦诺维奇、1992年霍彭哈恩、1995年埃里克森和派克斯等的模型,强调推动总生产率变动的重要机制是将市场份额重新分配给效率更高的生产者,既可以通过在位企业之间的市场份额转移,也可以通过企业的进入和退出重新配置,因此,企业生产率与生存之间的联系是生产率增长的关键驱动力。这些理论模型已被用作分析生产率增长和行业内动态的理论基础。例如,奥利(Olley)和派克斯于1995年使用的方法明确地处理了内生退出行为,以及生产率和要素需求的同时

性,提出了一种高度创新的方法用以评估微观层面的生产率,以解决同时性问题,被广泛应用于企业全要素生产率估计。

克勒特(Klette)和科图姆(Kortum)于2004年借鉴彭罗斯(Penrose)于1959年提出的企业理论,将企业定义为产品线的集合,企业根据自己和竞争对手在研发方面的投资调整产品线,仿照约瓦诺维奇引入企业动态,遵循霍彭哈恩的策略,即每个公司相对于行业都较小;且不同于埃里克森和派克斯的理论适用于分析竞争对手较少的行业,克勒特和科图姆基于格罗斯曼和埃尔普曼、阿吉翁和豪伊特的均衡处理框架构建了企业动态与成长的内生增长模型,目的是通过"创造性破坏"过程引起的再分配来捕捉企业动态对增长的影响。克勒特和科图姆的模型是一个集成的创新模型,捕获了单个异质性企业的动态,描述了具有企业进入和退出的行业行为并提供了技术变化的一般均衡模型,在统一了企业、行业和总体经济理论分析的同时,对企业创新的实证工作也具有深刻的见解,解释了企业研发投入的持续性、现有企业间研发的集中度、研发与专利行为之间的联系,以及为何研发占收入的比例与企业生产率呈正相关关系,而与企业规模或增长无关。该模型的核心是企业创新的泊松过程,其到达率是企业当前研发和过去研发产生的知识的函数。克勒特和科图姆的模型框架允许公司拥有多条产品线,这些产品线是在创新和"创造性破坏"的基础上增加或减少的。由于该模型容易处理,且应用的是在实证上容易被验证的企业动态理论(Lentz和Mortensen,2008;Acemoglu等,2018;Akcigit和Kerr,2018;Garcia-Macia等,2019),成为熊彼特经济增长理论的第一代平台化熊彼特经济增长理论模型,成为后续研究的开发起点。诸多研究是对其扩展,如阿西莫格鲁(Acemoglu)等于2016年和2018年同样也基于克勒特和科图姆的模型框架分析创新、就业和产出问题。

三、熊彼特经济增长理论模型的嵌套化

早期的熊彼特增长模型(Grossman和Helpman,1991;Aghion和Howitt,1992)有一个显著特点,那就是在位企业不从事R&D活动,推动经济增长的所有研发投资都是由进入企业承担的,而这些企业的技术水平并不高于行业领导者,同时假设所有企业在每个行业都能获得相同的研发技术,这显然与现实存在很大差异。早期研究可能更适合于研究在位者和进入者之间的相互作用,因为它们关注的是"创造性破坏"和进入的过程,假定所有的创新都由进入企业进

行,所以不能为分析在位企业的大部分生产率增长提供框架。基于此,2008年伦茨(Lentz)和莫滕森(Mortensen)、2015年阿西莫格鲁和曹(Cao)进行了修正扩展,他们的研究是诸多研究中的佼佼者。

伦茨和莫滕森通过假设中间产品的创新存在差异,向克勒特和科图姆的模型中引入企业异质性并量化了劳动力重新配置对生产率增长的影响,是克勒特和科图姆模型的成功扩展之一,被后续研究广泛借鉴。而阿西莫格鲁和曹扩展了克勒特和科图姆的多部门熊彼特内生增长模型,允许在位者进行创新来改进他们的产品,而进入者进行更激进的创新来取代在位者,将熊彼特的创新与"创造性破坏"两种思想结合起来,为分析进入企业和在位企业的生产率提高所驱动的增长提供了一个易于处理的框架,成为另一个具有代表性的扩展。

熊彼特经济增长理论模型的发展趋势呈现嵌套化特征。阿克西吉特(Akcigit)和克尔(Kerr)于2018年通过嵌套多个经典模型,融合了产品种类扩张的1990年罗默、2007年和2011年卢特默(Luttmer)模型框架和基于产品质量改进的格罗斯曼和埃尔普曼、阿吉翁和豪伊特、伦茨和莫滕森、阿西莫格鲁和曹的新熊彼特经济增长模型框架,极大地扩展了克勒特和科图姆模型,逐渐发展成为第二代平台化熊彼特经济增长理论模型。该模型引入了外部创新和内部创新,其中多产品在位企业投资于内部创新以改进其现有产品,而新进入企业和在位企业投资于外部创新以获得新的产品线,包括了"创造性破坏"创新、新产品创新和已有产品改进型创新三种异质性创新,由此深入到企业规模异质性对创新产生的激励差异,认为小企业的创新努力和收获并不对等,更多的是从外部创新溢出中获益。

阿克西吉特和克尔于2018年提出的异质性创新熊彼特经济增长模型相较于已有模型极具综合性,是克勒特和科图姆于2004年提出的模型之后的新一代平台化模型,成为许多最新研究的理论框架,并且已经被最新的诸多研究所应用,如实证识别异质性创新的贡献大小(Garcia-Macia等,2019)、增加研发的福利效应(Atkson和Burstein,2019)、所得税的创新激励效应(Ferraro等,2020)等。此外,阿克西吉特等于2021年围绕企业授权难易程度,融合、嵌套了彭罗斯于1959年、卢卡斯于1988年、克勒特和科图姆于2004年提出的模型,尝试从微观的企业异质性管理行为层面探讨经济增长问题。

第四节 熊彼特经济增长模型中的企业动态

熊彼特经济增长理论与其他内生经济增长理论的最大区别是在微观层面的拓展。熊彼特经济增长理论非常容易从企业层面的微观数据获得验证。因此,熊彼特经济增长理论的主要应用领域之一就是研究企业动态对经济增长的影响,特别是企业的进入和退出导致的资源重新配置、研发竞争和创新激励等。熊彼特经济增长理论能非常方便地将其他领域的实证工具引入宏观经济学和内生经济增长理论,被认为是最具有发展前景的理论拓展方向。本节内容是对阿吉翁等于2014年进行的关于熊彼特经济增长模型的综述中基于克勒特和科图姆于2004年提出的模型提炼的基本框架的介绍,从数理视角推演企业动态机制。

一、模型的基本形式

(一) 模型设置

通常认为时间 t 是连续的,且经济体是由连续、大量具有线性偏好的无限期寿命个体 L 组成,贴现率为 ρ。每个个体每单位时间拥有1单位的劳动,可以无差别地用于产品生产和研发,通过在生产和研发之间分配达到平衡状态。

只有一种最终产品,它决定了计价标准。这种最终产品是使用中间产品投入竞争性生产而得到的。那么,最终产品的生产函数可以表示为:

$$Y_t = A_t y_t^{\alpha} \tag{2-1}$$

其中,α 介于0到1之间;y_t 是用于生产最终产品的中间产品总数量;A_t 是当前使用的中间产品投入的生产率或质量。

中间产品 y_t 与劳动力按照1:1的比例进行生产,也就是说,投入1单位劳动可以得到1单位具有前沿质量的中间产品。因此,y_t 既表示中间产品的当前产量,也表示中间产品生产所雇佣的劳动力量。

模型中的经济增长源于创新提高了用于生产最终产品的中间投入的质量。也就是说,如果之前最先进的中间产品质量为 A,那么创新将引入一种新的中间投入,质量为 γA,其中 $\gamma > 1$。那么,经济增长就与"创造性破坏"密切相关,意着竞争将中间产品质量为 A 的企业挤出市场,因为在相同的劳动力成本下,创新者生产的产品比在位企业生产的产品更好。

创新的数理阐释直接借鉴了产业组织理论和专利竞争相关文献,即如果 z_t 单位的劳动在 $[t, t+dt]$ 的时间区间内被用于研发,那么创新在此时间区间内的实现概率符合泊松分布,即创新的瞬时到达率为泊松比率 λz_t。

(二)模型求解

1. 套利与劳动力市场出清的研究

模型将重点关注平衡增长的均衡,即生产(y_t)和研发(z_t)之间的劳动力分配长期保持不变。增长过程由两个基本方程描述。第一个是劳动力市场出清方程:

$$L_t = y_t + z_t \tag{2-2}$$

此方程说明任何单位时间内供给的所有劳动力都完全被经济体所雇佣,要么用于产品生产,要么用于研发活动。

第二个为研发套利方程,它反映了个人在从事研发或从事中间产品生产的部门之间的平衡。在当前工资率为 w_k 的条件下,从 0 时刻到当前时间 t 已经出现了 $k(k \in Z_{++})$ 个创新。这里假设创新是这个模型发生改变的唯一源泉,而所有其他经济变量在两个连续的创新之间的时间间隔内保持不变。同时,第 $k+1$ 个创新的净现值用 V_{k+1} 表示。

在很短的时间区间 dt 内,个体劳动者在第 k 和第 $k+1$ 个创新之间面临以下选择:将单位劳动以当前的工资投入当前的生产中,就得到了 $w_t dt$ 的工资;或者将单位劳动投入研发中,在当前的时间区间内创新成功的概率是 λdt 并获得 V_{k+1} 的净现值,如果不成功,则一无所获。研发套利方程可以表示为:

$$w_k = \lambda V_{k+1} \tag{2-3}$$

其中,V_{k+1} 的值由贝尔曼方程(Bellman Equation)确定。在一个小的时间区间 dt 内,企业获取 $\pi_{k+1} dt$ 的利润。在这个时间区间的末尾,它有 $\lambda z_t dt$ 的概率被一个新进入者通过"创造性破坏"所取代,否则,企业将保持垄断权力和 V_{k+1} 的净现值。因此,价值函数被写成:

$$V_{k+1} = \pi_{k+1} dt + (1 - r_t dt) \begin{bmatrix} \lambda z_t dt \times 0 \\ (1 - \lambda z_t dt) \times V_{k+1} \end{bmatrix} \tag{2-4}$$

两边同时除以 dt,然后取极限 $dt \to 0$ 并利用均衡利率等于时间偏好的假设($r_t = \rho$),V_{k+1} 的贝尔曼方程可以被重写为:

$$\rho V_{k+1} = \pi_{k+1} - \lambda z_t V_{k+1} \tag{2-5}$$

换句话说,由于"创造性破坏",一个新出现的创新的单位时间价值(它在单位时间内的流量值),等于当前的利润流 π_{k+1} 减去预期资本损失 $\lambda z_t V_{k+1}$。如果创新能使创新者获得永久的利润流 π_{k+1},那么意味着对应的永续单位时间价值是 $\frac{\pi_{k+1}}{r_t} = \int_0^\infty \pi_{k+1} e^{-rt} dt$。然而,由于存在"创造性破坏"的速率 λz_t,可以得到:

$$V_{k+1} = \frac{\pi_{k+1}}{\rho + \lambda z_t} \tag{2-6}$$

也就是说,创新的价值等于利润流除以风险调整利率 $\rho + \lambda z_t$,其中,风险是被新的创新者所取代的"创造性破坏"。

2. 均衡利润、总研发和增长

接下来,通过逆向归纳,求解均衡利润 π_{k+1} 和均衡研发速度比率 z_t。首先,对于给定的当前中间投入生产率,求解当前创新者的均衡利润流;然后,后退一步,用方程(2-2)和(2-3)确定均衡的研发水平。

(1) 均衡利润。假设在时间 t,创新 k_t 已经发生,则目前最先进的中间投入的生产率是 $A_{k_t} = \gamma^{k_t}$。假设最终产品具有竞争性,中间产品的垄断者将以与其边际产品相等的价格出售其投入,即:

$$p_k(y_t) = \frac{\partial(A_k y_t^\alpha)}{\partial y_t} = A_k \alpha y_t^{\alpha-1} \tag{2-7}$$

这是中间产品垄断者所面临的反需求曲线。

有了给定的反需求曲线,垄断者会将式(2-8)代入式(2-7)以确定 y_t,因为生产 y_t 单位中间产品需要消耗 $w_k y_t$ 单位的最终产品。

$$\pi_k = \max_{y_t} \{p_k(y_t) y_t - w_k y_t\} \tag{2-8}$$

考虑到生产最终商品的柯布-道格拉斯生产函数,均衡价格是边际成本上的一个常数加价 $\left(p_k = \frac{w_k}{\alpha}\right)$,并且利润等于 $\frac{1-\alpha}{\alpha}$ 乘工资,即:

$$\pi_k = \frac{1-\alpha}{\alpha} w_k y_t \tag{2-9}$$

(2) 均衡总研发水平。结合式(2-3)、(2-6)、(2-9),可以将研究套利方程改写为:

$$w_k = \lambda \frac{\frac{1-\alpha}{\alpha} w_{k+1} y_t}{\rho + \lambda z_t} \tag{2-10}$$

利用劳动力市场出清条件(2-2),此外,在平衡增长路径上,所有总变量(最终产品、劳动生产率和工资)在每次发生创新时,均乘以 γ,可以求解式(2-10),得到均衡总研发 z_t,此时 z_t 作为经济参数的函数:

$$z_t = \frac{\frac{1-\alpha}{\alpha}\gamma L_t - \frac{\rho}{\lambda}}{1 + \frac{1-\alpha}{\alpha}\gamma} \tag{2-11}$$

其中,假设 $\frac{1-\alpha}{\alpha}\gamma L_t > \frac{\rho}{\lambda}$,以保证在均衡时研发水平为正。式(2-11)提供了一些重要的比较静态分析结论,特别是衡量研发技术的更高生产率的 λ,或者更大规模的创新 γ,或者更大的人口规模 L_t,对总体研发水平有积极的影响。另一方面,更大的 α 或者更高的贴现率 ρ 倾向于妨碍研发。

(3)均衡预期增长。一旦确定了均衡状态的总研发水平,就很容易计算出预期增长率。首先,在一个小的时间区间 $[t, t+\mathrm{d}t]$ 内,有 $\lambda z_t \mathrm{d}t$ 的概率会有成功的创新。其次,每次产生创新时,最终产品的产出均乘以 γ。因此,预期的最终产出对数可以表示为:

$$E(\ln Y_{t+\mathrm{d}t}) = \lambda z_t \mathrm{d}t \ln \gamma Y_t + (1 - \lambda z_t \mathrm{d}t) \ln Y_t \tag{2-12}$$

两边同时减去 $\ln Y_t$,除以 $\mathrm{d}t$,取极限,得到如下预期增长率:

$$E(g_t) = \lim_{\mathrm{d}t \to 0} \frac{\ln Y_{t+\mathrm{d}t} - \ln Y_t}{\mathrm{d}t} = \lambda z_t \ln \gamma \tag{2-13}$$

此预期增长率延续了相对于参数 λ,γ,α,ρ 和 L_t 的 z_t 的比较静态特性。这意味着可以得出一个预测:企业替代率 λz_t 与增长率 g_t 正相关。

二、企业动态的均衡

遵循克勒特和科图姆于2004年的做法,向熊彼特经济增长模型的基本形式中引入两个条件:① 创新来自进入企业和在位企业;② 企业被定义为产品线的集合,在位企业的成功创新将表现为产品线的扩张。以上两个条件的引入,充分体现了"创造性破坏"是推动创新、保持企业规模分布不变,以及保持总体生产率在平衡增长路径上的核心力量。

(一)模型设置

假设劳动力有三种用途:其一,用于产品生产,用 l 表示;其二,用于在位企业的研发,用 s_i 表示;其三,用于进入企业的研发,用 s_e 表示。效用函数为对数形式且家庭的欧拉方程(Euler Equation)为 $g_t = r_t - \rho$。只有一种最终产品,且决定了计价标准。在 t 时刻,按照如下生产函数,具有竞争性地使用中间产品生产最终产品:

$$\ln Y_t = \int_0^1 \ln y_{jt} \, dj \tag{2-14}$$

其中,y_{jt} 是 t 时刻中间产品 j 的数量。

中间产品 j 是由产品线 j 中最后的创新者所生产的,根据下面的线性技术函数垄断生产:

$$y_{jt} = A_{jt} l_{jt} \tag{2-15}$$

其中,A_{jt} 是产品线 j 的劳动生产率;l_{jt} 是投入生产的劳动力。这意味着在 j 中的边际生产成本是 $\dfrac{w_t}{A_{jt}}$,其中 w_t 是经济中 t 时刻的工资率。

模型中的企业被定义为 n 个生产单元的集合(产品线)。企业通过成功的创新扩大产品空间,从而扩大企业规模。

根据柯布-道格拉斯生产函数,企业将积累的现有知识储备(n)和科研人员(s_i)投入创新:

$$Z_i = \left(\frac{S_i}{\zeta}\right)^{\frac{1}{\eta}} n^{1-\frac{1}{\eta}} \tag{2-16}$$

其中,Z_i 是泊松创新率;$\dfrac{1}{\eta}$ 是科研人员的创新弹性;ζ 是一个规模参数。那么,生产函数方程(2-3)产生了以下创新的研发成本:

$$C(z_i, n) = \zeta w n z_i^\eta \tag{2-17}$$

其中,$z_i \equiv \dfrac{Z_i}{n}$ 被定义为企业的创新强度。在企业当期的研发投资获得成功时,其创新发生在一条随机的产品线 $j'(j' \in [0,1])$ 上。产品线 j' 的生产率将从 $A_{j'}$ 提高到 $\gamma A_{j'}$。企业成为生产线 j' 的新垄断生产商,从而使自身产品线的数量增加到 $n+1$。与此同时,企业现有的 n 条生产线中的每一条都受到新进入企业和其他在位企业的"创造性破坏"。因此,在一个很短的时间间隔 dt 内,企业的生产单元数量以概率 $Z_i dt$ 增加到 $n+1$,或者以概率 $nx dt$ 减少到 $n-1$。失去所有产品线的企业,将退出市场。

(二)模型求解

模型关注的是平衡的增长路径。首先,求解企业静态生产决策,然后转向企业的动态创新决策。这将决定生产率增长的均衡速度,以及各种企业随着不变的企业规模分布变动。

1. 静态生产决策

最终产品生产者花费相同的金额 Y_t,在每一条不同的生产线 j 上。因此,在式(2-1)的最终产品生产函数中,对每种中间产品产生单位弹性需求:$y_{jt} = \dfrac{Y_t}{p_{jt}}$。结合企业在单一产品线中进行伯川德竞争的事实,这意味着具有边际成本 $\dfrac{w_t}{A_{jt}}$ 的垄断者将其价格设置为先前创新者的边际成本,并且遵循限价原则:$p_{jt} = \dfrac{\gamma w_t}{A_{jt}}$。

结果,在产品线 j 中得到的均衡数量和利润分别为:

$$y_{jt} = \dfrac{A_{jt} Y_t}{\gamma w_t} \tag{2-18}$$

$$\pi_{jt} = \pi Y_t \tag{2-19}$$

其中,$\pi = \dfrac{\gamma - 1}{\gamma}$。这里假设利润是跨产品线的常量,且能够简化加总到企业层面。每条产品线对生产工人的需求为 $\dfrac{Y_t}{\gamma w_t}$。

2. 动态创新决策

企业有 n 种产品,其股票市场价值 $V_t(n)$ 在 t 时刻满足贝尔曼方程:

$$rV_t(n) - \dot{V}_t(n) = \max_{z_i \geq 0} \left\{ \begin{array}{l} n\pi_t - w_t \zeta n z_i^\eta \\ + n z_i [V_t(n+1) - V_t(n)] \\ + nx [V_t(n-1) - V_t(n)] \end{array} \right\} \tag{2-20}$$

这个表达式的意义是:企业从 n 条产品线上获得总利润 $n\pi_t$,在研发上的总投资为 $w_t \zeta n z_i^\eta$。结果,企业以速度 $Z_i \equiv n z_i$ 进行创新,获得价值增加 $V_t(n+1) - V_t(n)$。同时,由于"创造性破坏",企业以 x 的速度失去它的每一条产品线,即每一条生产线将以 nx 的速度全部消失,导致损失 $V_t(n) - V_t(n-1)$。式(2-20) 中的价值函数与产品线数量 n 是线性关系,并且与总产出 Y_t 成正比,由此可得:

$$V_t(n) = nvY_t \tag{2-21}$$

单位生产的平均标准值可被表达为:

$$v = \dfrac{V_t(n)}{nY_t} \tag{2-22}$$

v 由下式表达的参数关系内生决定：

$$v = \frac{\pi - \zeta \omega z_i^\eta}{\rho + x - z_i} \quad (2\text{-}23)$$

其中，这个表达式使用了欧拉方程 $\rho = r - g$。劳动份额被定义为 $\omega \equiv \frac{w_t}{Y_t}$，且在平衡增长路径上保持不变。在缺乏在位企业创新的情况下，即 $z_i = 0$，这个值相当于基本模型方程(2-6)。在位企业可以从两个相反的方向创新修改基准值：一方面，从总收益中减去研发投资的成本，这会降低净瞬时收益 $\pi - \zeta \omega z_i^\eta$；另一方面，每条产品线都有一个"研发选择价值"，也就是说，多一个生产单元会提升企业的研发能力，如(2-16)所示，因此提升了企业的价值。

通过式(2-20)的一阶条件可以很容易地找到在位企业的均衡创新决策：

$$z_i = \left(\frac{v}{\eta \zeta \omega}\right)^{\frac{1}{\eta-1}} \quad (2\text{-}24)$$

3. 企业自由进入

假设大量的进入企业通过雇佣 ψ 名科研人员产生 1 单位创新。新进入企业随机地在某条产品线上进行创新，当创新成功时，其将该条产品线生产率提高 γ($\gamma > 1$)。此时，一个单一产品企业就产生了，用 z_e 来表示企业进入速率。自由进入条件是企业的价值 $V_t(1)$ 等于创新的代价 ψw_t：

$$v = \omega \psi \quad (2\text{-}25)$$

"创造性破坏"的速度可以简单地表示为企业进入率加上在位企业的创新强度，即 $x = z_i + z_e$。基于此，综合式(2-23)、式(2-24)和式(2-25)，可以得到企业均衡进入率和在位企业均衡创新强度：

$$z_e = \frac{\pi}{\omega \psi} - \frac{1}{\eta}\left(\frac{\psi}{\eta \zeta}\right)^{\frac{1}{\eta-1}} - \rho \quad (2\text{-}26)$$

$$z_i = \left(\frac{\psi}{\eta \zeta}\right)^{\frac{1}{\eta-1}} \quad (2\text{-}27)$$

4. 劳动市场出清

最后，通过实施劳动力市场出清条件来结束这一模型。均衡劳动份额 ω 应满足劳动总供给 L_t 等于三个方面的总劳动需求：① 生产，$(\gamma \omega)^{-1}$；② 在位企业研发水平，$\zeta \left(\frac{\psi}{\eta \zeta}\right)^{\frac{\eta}{\eta-1}}$；③ 外部进入者，$\frac{\pi}{\omega} - \zeta \left(\frac{\psi}{\eta \zeta}\right)^{\frac{\eta}{\eta-1}} - \psi \rho$。由此可得劳动份额为：

$$\omega = \frac{w_t}{Y_t} = \frac{1}{L_t + \rho\psi} \tag{2-28}$$

(三) 均衡增长率

在这个模型中,创新发生在现有企业和进入企业的总速度为 $x = z_i + z_e$ 时。因此,均衡增长率为:

$$g = x\ln\gamma = \left[\left(\frac{\gamma-1}{\gamma}\right)\frac{L_t}{\psi} + \left(\frac{\eta-1}{\eta}\right)\left(\frac{\psi}{\eta\zeta}\right)^{\frac{1}{\eta-1}} - \frac{\rho}{\gamma}\right]\ln\gamma \tag{2-29}$$

除创新规模扩张的速度和贴现率下降等标准效应外,该模型还生成了企业进入成本 ψ 与经济增长之间的非线性关系。企业进入成本的增加降低了进入率,因此对均衡增长有负面影响。然而,这也解放了那些过去被外部进入企业雇佣的科研人员,并且将他们重新分配给在位企业,从而促进了在位企业的创新和经济增长。

第三章 企业异质性、规模动态与生产率演变

中国的产业政策倾向于扶持企业规模的扩张,但是具有国际竞争力的制造业企业并不多,有必要探讨企业规模与企业全要素生产率之间的关系。不同于单一绝对值指标方法,本书应用标准化方法,构建涵盖资产总值、销售额和就业人数三个绝对值指标的综合指数测度企业规模。帕累托分布结果表明,中国制造业企业规模集中度已经偏离了最优的状态。非平衡面板企业微观数据的固定效应基本估计、工具变量法和GMM估计(广义矩估计)的内生性讨论,以及异质性视角的稳健性检验,认为企业规模和全要素生产率之间存在显著的倒"U"型关系。从以上分析中可以得出三点启示:第一,企业规模测度的综合指数法弥补了单一绝对值指标的缺陷;第二,产业政策需要在扶持大企业与培育市场竞争结构之间权衡;第三,探索企业规模的最优区间将有助于提升企业全要素生产率。

第一节 理论分析与研究假说

关于企业规模的研究,最早可以追溯到亚当·斯密的企业分工理论,而马歇尔提出的规模报酬递增理论具有开创性意义。吉布拉于1931年首次关注了企业成长和企业规模的关系,认为企业成长率与企业规模分布无关,被称为吉布拉定律(Gibrat's Law)。此后,企业规模的相关研究越发丰富。已有的文献主要可以被归纳为以下四个方面。

一、企业规模的测度

经济学家对于企业规模衡量指标的选择主要有企业年销售额(方明月和聂辉华,2010;孙学敏和王杰,2014;Acemoglu 和 Cao,2015;盛斌和毛其淋,2015;王永进等,2017)、企业资产总计(孙晓华和王昀,2014;李贲和吴利华,2018)、企业年平均雇员人数(Axtell,2001;Luttmer,2007;Rossi-Hansberg 和 Wright,2007;高凌云等,2014)、企业工业总产值(章韬和孙楚仁,2012;杨汝岱和朱诗娥,2018;李旭超等,2017)、主营业务收入(张莉和李绍东,2016)等。指标选择上的分歧,必然引发企业规模测度的差异,进而影响相关分析所得结论的稳定性和可靠性。比如,杨其静等(2010)分别使用企业销售额、资产总计和从业人数三个指标衡量企业规模并进行了比较,发现就业人数衡量的企业规模分布帕累托指数显著大于企业销售额和资产总计衡量的值,这折射出不同地区企业的效率差异。

企业规模的测度是一个基础性问题。已有研究广泛采用单一绝对值指标测度企业规模,但容易随着指标的更换而产生较大变动。本书试图构建一个涵盖多个指标信息的企业规模综合指数,以期能够更为准确地测度企业规模并用于进一步的分布估计和经济增长效应实证研究,对现有的研究形成有益补充。

二、企业规模的分布

在经验研究文献中,学者们普遍认为发达国家企业规模分布的帕累托指数较为标准,大约等于1(Axtell,2001;Luttmer,2007;Acemoglu 和 Cao,2015),而发展中国家,或者受干预严重的市场的帕累托指数通常会偏离1(Okuyama 等,1999;Ramsden 和 Kiss-Haypál,2000;杨其静等,2010)。中国企业规模分布的帕累托指数的上升趋势明显,但是依然严重偏离齐夫定律(刘斌等,2015)。除帕累托分布外,也有部分文献认为生产率的分布形式有指数分布和对数正态分布等,给出的解释大多是"因为企业规模服从类似分布"。企业规模分布的不同形式表明,齐夫定律、帕累托分布与幂律分布具有内在一致性,但三者与指数分布存在差异(高凌云等,2014)。

对企业规模分布的测度存在分歧的原因主要来自两个方面:一方面是受到前述企业规模测度方法和指标选取的影响,另一方面是数据获取及对企业规模异质性的考虑不足导致的。总的来说,大部分文献都是基于帕累托分布假设的研究。本章沿用企业规模服从帕累托分布的假设,同时考虑企业异质性,对企业规模分布进行详细的对比分析。

三、影响企业规模的因素

大部分文献把企业规模作为一个因变量关注影响因素的研究,比如,市场规模和结构、国有企业的比重、地方政府行为、市场化程度、区域等因素影响了企业规模的分布(杨其静等,2010)。创新数量与企业规模有门槛效应,而与创新质量无关(张震,2018)。国有工业企业是企业规模分布偏离齐夫分布的主要影响因素(方明月和聂辉华,2010)。在地方保护比较强的区域,市场潜力促进企业规模扩张(杨汝岱和朱诗娥,2018),比如开发区的设立促进了企业规模的成长,具体的影响因异质性因素而存在差异(李贲和吴利华,2018)。行业企业生产率分布受到选择效应、竞争效应和溢出效应影响,进而影响资源的有效配置,最终改变企业规模分布,出口企业的平均生产规模更大(章韬和孙楚仁,2012)。而贸易自由化在总体上有利于企业规模的扩大,使企业规模分布更为均匀(盛斌和毛其淋,2015)。越来越多的分析关注类似于环境规制、融资约束等因素对企业规模的影响(孙学敏和王杰,2014;刘斌等,2015),对于影响企业规模的因素的分析非常充分,也是已有研究的主要组成部分,而对于企业规模产生的影响的研究相对要少得多。

四、企业规模产生的影响

从企业规模影响生产率或者经济增长的机制来看,企业规模扩张会影响研发投入,从而影响生产率水平的提高。制造业的增长来源于企业平均规模的增长和企业数目的增加(章韬和孙楚仁,2012),企业数目增加所引发的竞争促使选择效应加强,资源在同行业企业之间重新配置,带动行业整体生产率水平提高,而企业规模是导致工业企业生产率不平衡的主要因素(孙晓华和王昀,2014)。此外,刁秀华等(2018)提出企业规模质量的定义,探讨其与技术创新效率之间的关系,认为企业规模质量与技术创新效率呈现正相关关系,并且政府的企业扶持补贴政策是有效的。总的来说,对企业规模和技术创新之间的关系存在多种观点,包括正相关关系、负相关关系、倒"U"型关系和无关等(聂辉华等,2008;王良举和陈甬军,2013)。

总体来看,已有研究存在两点不足:一是企业规模测度指标单一,通常忽视了不同行业、技术水平和要素密集特征的企业异质性,使用单一的绝对值指标衡量企业规模,容易造成偏差;二是从微观企业层面考察企业规模对生产率的影响研究较少,现有的具有代表性的研究大多是从总体或者行业层面考察(高凌云等,2014),对于诸如企业个体异质性、地区异质性和所有制的考察并不充分。因此,本书试图在两个方面有所贡献:一是不同于已有的绝对值指标法,采用标准化方法,构建多指标变量的标准化综合指数衡量企业规模,并且估计其分布指数及特征;二是基于异质性视角,从区域、所有制等异质性层面考察企业规模对生产率的动态影响。

第二节 典型特征事实

一、数据说明

本章的经验分析基于中国工业企业微观数据库(1998—2013),并且与中国海关进出口数据库的出口变量和国研网宏观经济数据库的价格指数变量匹配处理,构建了总体—地区—所有制三个维度的企业微观非平衡面板数据,主要变量有工业总产值、销售总额、就业人数、资产总值、资本存量、折旧等。参照国家统计局的标准,将中国划分为东部地区、中部地区、西部地区和东北地区四个区域;所有制根据企业注册登记类型,分为国有企业(代码为110到159)、民营企业(代码为160到190)和外资企业(代码为210到340)三种类型。

本章所使用的数据以1998年为基期,应用工业生产者出厂价格指数和固定资产投资价格指数剔除相应指标的价格因素。本章参考常用的中国工业企业数据清洗方法(聂辉华等,2012;陈诗一和陈登科,2017),对数据主要做如下处理:① 剔除法人代码和企业名称等关键变量为空值的样本;② 选择制造业企业;③ 删除只出现一次的样本;④ 每个样本企业的工业总产值、销售总额、资产总计、固定资产合计、折旧、应付工资和负债合计应都大于0;⑤ 应用永续盘存法计算企业投资;⑥ 每个样本企业的从业人数不少于8人;⑦ 采用插值法补齐遗漏数据。

二、核心指标特征

(一)企业规模测度

关于企业规模测度,已有的文献主要使用了资产总值、销售额和就业人数三个指标中的一个,体现的是绝对规模,缺乏综合性。本章同时使用上述三个指标,构建一个综合指数测度企业规模。考虑到三个指标的量纲差异,企业规模的估计方法是先标准化,然后求均值,得到企业规模标准化综合指数。

第一步,对指标做标准化处理。

$$\eta_{it}^n = \frac{x_{it} - \min(x_t)}{\max(x_t) - \min(x_t)} \quad (3-1)$$

其中,η_{it}^n 为第 i 个企业第 t 期的第 n 个指标的标准化值;x_{it} 为第 i 个企业第 t 期的第 n 个指标值;$\min(x_t)$ 和 $\max(x_t)$ 为第 t 期的第 n 个指标的最小值和最大值,$n=1,2,3$。

第二步,求均值。

$$S_{it} = \frac{\eta_{it}^1 + \eta_{it}^2 + \eta_{it}^3}{3} \quad (3-2)$$

其中,S_{it} 为第 i 个企业第 t 期的企业规模标准化综合指数。

企业规模测度结果见表3-1。

表3-1 企业规模测度结果

	分类	数量	占比	最小值	中值	均值	最大值
	总体	3 072 303	100.00%	0.000 013 3	0.000 478 1	0.001 156	0.942 596
地区	东部地区	2 096 644	68.24%	0.000 013 3	0.000 471 9	0.001 112	0.811 882
	中部地区	463 730	15.09%	0.000 016 2	0.000 489 1	0.001 162	0.942 596
	西部地区	309 135	10.06%	0.000 014 3	0.000 525 5	0.001 331	0.389 27
	东北地区	202 794	6.60%	0.000 015	0.000 449 4	0.001 33	0.909 746
所有制	国有企业	964 701	31.40%	0.000 013 3	0.000 511 8	0.001 416	0.942 596
	民营企业	1 788 959	58.23%	0.000 015 3	0.000 433 9	0.000 896	0.729 18
	外资企业	318 643	10.37%	0.000 018 7	0.000 697 1	0.001 829	0.785 205

注:数据由作者计算得到。

1. 总体

样本数据中,企业规模均值较小,明显呈现右偏分布,表明中国的制造业中,中小企业居多。企业规模指数最大值超过了0.94,而最小值趋近于0,表明企业规模差距较大。

2. 地区

样本数据中,68.24%的制造业企业分布在东部地区,而东北地区的制造业数量只有6.60%,地区分布极不均衡。西部地区的企业规模标准化综合指数均值最大,但是其企业规模标准化综合指数最大值不到0.4。东北地区的企业规模标准化综合指数的标准差最大,表明东北地区的企业规模分布高度不均衡。

3. 所有制

样本数据中,民营企业占比接近60%,其规模指数的均值和最大值都比国有企业和外资企业小,表明民营企业的发展依然不充分。国有企业的规模指数最大值接近1,明显大于民营企业的规模指数最大值和外资企业的规模指数最大值,表明国有企业总体具有规模优势。

(二)企业规模分布

借鉴已有的关于企业规模分布的研究文献,沿用帕累托指数衡量企业规模分布的方法。帕累托指数的计算方法如下:

$$N = \frac{A}{(x+b)^{\theta}} \tag{3-3}$$

其中,N为大于临界规模x的企业数量,θ就是帕累托指数,A、b为常数,且b通常设定为0。参考杨其静等(2010)的关于企业规模分布的帕累托指数的估计方法:

$$\ln R_i = \ln A - \theta \ln S_i + \varepsilon_i \tag{3-4}$$

其中,R_i是企业i的规模按照降序排列的位序;S_i是企业i的规模;$\ln A$是常数项;θ是企业规模分布的帕累托指数;ε_i是随机误差项。帕累托指数在产业组织理论中被用来衡量市场集中度。经济学家以$\theta=1$为基准,判断经济是否处于自然竞争状态,即企业规模分布是否处于最优状态。当$\theta<1$,意味着在该经济体中,产业集中度较低,中小企业较多,促进大型企业发展将有利于资源配置;当$\theta>1$,表明产业集中度较高,竞争不充分,促进大型企业发展将不利于资源配置。中国代表性年份的企业规模分布帕累托指数的估计结果见表3-2。

表3-2 代表性年份的企业规模分布帕累托指数

分类		代表性年份							
		1998	2001	2003	2005	2007	2009	2011	2013
总体		0.80	0.82	0.83	0.85	0.86	0.84	1.09	1.17
地区	东部地区	0.85	0.86	0.86	0.86	0.86	0.84	1.09	1.18
	中部地区	0.78	0.80	0.83	0.85	0.88	0.88	1.09	1.13
	西部地区	0.67	0.71	0.72	0.80	0.82	0.83	0.91	0.99
	东北地区	0.68	0.74	0.76	0.77	0.83	0.83	1.16	1.26

续表

分类		代表性年份							
		1998	2001	2003	2005	2007	2009	2011	2013
所有制	国有企业	0.77	0.76	0.76	0.78	0.81	0.80	1.01	1.09
	民营企业	0.86	0.95	0.94	0.95	0.95	0.92	1.24	1.29
	外资企业	0.93	0.90	0.86	0.84	0.83	0.80	0.99	1.09

注：数据由作者计算得到。

1. 总体

样本数据的企业规模分布帕累托指数估计结果区间为0.80~1.17，表明产业集中度越来越高的动态过程，以及市场竞争逐渐优化又偏离的过程。

2. 地区

分地区样本数据基本具有和总体样本数据同样的分布特征，其中，西部地区产业集中度趋近最优，而东北地区偏离最优集中度的程度最严重。

3. 所有制

样本数据中不同所有制企业规模集中度表现出的特征与总体特征类似，但是相比之下，民营企业的市场集中度最高。

从总体、地区和所有制三个异质性层面，采用帕累托指数估计的方法测度企业规模的动态分布后发现，中国制造业企业规模动态呈现集中度逐渐上升的趋势，但是在不同的地区和所有制层面有差异。全样本分析表明，企业规模分布的帕累托指数已经显著大于1；从地区层面分析，除了西部地区接近1，其他地区都已经显著大于1；从所有制层面分析，各所有制企业的帕累托指数都大于1。因此，样本数据的中国制造业企业规模动态的帕累托指数表明，企业的集中度已经很高。在经历了趋近最优指数1的阶段后，偏离较为明显，行业的竞争受抑制，限制了资源的配置效率。

（三）生产率估计比较分析

关于企业全要素生产率的估计方法有很多种，为了便于比较，本章采用OLS（普通最小二乘法）估计、非平衡面板数据的固定效应FE估计和被广泛使用的全要素生产率OP法估计。在OP法估计中需要使用到投资数据，而企业统计并无此项内容。参照已有研究（鲁晓东和连玉君，2012）常用的资本永续盘存法估算企业投资数据，本章根据公式 $I_t = K_t - K_{t-1} + D_t$ 估计投资，其中，t 为年份，I 为企业投资额，K 为企业固定资产总值，D 为企业折旧。对于折旧缺失的企业，采用其两位数行业平均折旧率估计。在做OP法估计时，剔除投资小于或等于0的样本。

研究文献中广泛使用增加值来衡量产出,但是增加值是一个宏观概念,其数值是统计构造出来的(尹恒等,2015)。企业在实际经营决策中,其报告和决策的依据并没有增加值这个变量,而更多地使用总产值或者销售值。考虑到销售值已经被用于企业规模的估计,本章使用工业总产值作为产出的变量。企业全要素生产率估计的资本弹性系数和劳动弹性系数结果,见表3-3。

表3-3 企业全要素生产率估计结果

变量	OLS	FE	OP
资本的对数 $\ln K$	0.331*** (721.11)	0.271*** (451.20)	0.337*** (541.650)
劳动的对数 $\ln L$	0.449*** (642.89)	0.487*** (612.91)	0.402*** (223.470)
样本数 N	2 547 310	2 547 310	1 972 257

注:OLS和FE系数下的括号中为t值,OP系数下的括号中为z值;标有"***"的为0.01的显著水平。

表3-3中分别给出了OLS估计、面板数据固定效应FE估计和OP法估计企业全要素生产率得到的资本和劳动的投入弹性系数。比较三种方法估计出的投入弹性系数发现,OP法估计出的资本弹性系数最大,劳动弹性系数最小,修正了传统OLS估计的资本弹性系数向下偏差和劳动弹性系数向上偏差的不足(Olley和Pakes,1996),与已有研究结论(鲁晓东和连玉君,2012)相一致。

根据前述企业规模的估计结果和OP法生产率对数估计结果进行散点拟合,可视化探索二者之间的关系,见图3-1。企业规模和生产率的拟合结果表明,全要素生产率随着企业规模的增加,呈现出明显的先上升、后下降的过程,即呈现倒"U"型特征。

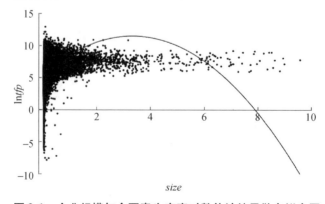

图3-1 企业规模与全要素生产率对数估计结果散点拟合图

第三节 实证分析设计

一、模型设置

根据图3-1,企业规模与企业全要素生产率对数估计结果可视化散点拟合呈现倒"U"型特征并考虑相关控制变量,借鉴经典的库兹涅茨倒"U"曲线理论与方程设计,本章计量模型设置如下:

$$y_{it} = \beta_0 + \beta_1 S_{it} + \beta_2 S_{it}^2 + BX_{it} + \phi_t + \varphi_i + \varepsilon_{it} \quad (3-5)$$

其中,下角标 i 代表企业 i;下角标 t 代表年份;被解释变量 y_{it} 为反映经济增长的指标;S_{it} 为企业的规模指数;X_{it} 为控制变量集;ϕ_t 和 φ_i 分别代表控制时间和地区的固定效应;ε_{it} 是随机误差项。

根据倒"U"曲线理论的研究经验,模型的参数应该满足 $\beta_1 > 0$ 和 $\beta_2 < 0$。

二、指标构建

(一)被解释变量

本章的被解释变量选择企业全要素生产率和企业销售额,前者用于基本估计,后者用于稳健性检验。

1. 企业全要素生产率(tfp)

企业层面的全要素生产率的估计方法有五种以上(鲁晓东和连玉君,2012),根据数据的完整可得性,本章采取被广泛应用的 OP 法(Olley 和 Pakes,1996)估计企业全要素生产率的对数值。

2. 企业销售额($sale$)

考虑到微观企业决策的核心指标是销售总额,并且基于企业层面的微观数据做实证分析,所以选择企业销售额作为企业增长的代理变量,用于稳健性检验。

(二)解释变量

解释变量为企业规模综合指数($size$)及其二次项($size^2$)。不同于已有研究采用绝对值指标衡量企业规模,本书采用了标准化方法,综合了多个指标,较为全面地测度了企业规模。在实证分析阶段,将企业规模综合指数作为核心解释变量,检验企业规模的增长效应。

(三) 控制变量

参考盛斌和毛其淋(2015)、李贲和吴利华(2018)的做法,控制变量选择如下:① 企业利润率(pr),反映企业扩大生产规模的能力,用企业利润与企业销售额的比值衡量;② 资本密集程度(kd),可以反映企业的设备更新和研发投入情况,用企业固定资产与就业人数的比值表示;③ 企业融资约束(fc),用利息支出与固定资产的比值表示;④ 企业负债率(dr),用企业负债总额除以资产总额衡量;⑤ 平均工资(aw),可以反映企业的技术密集程度,用应付工资总额除以就业人数衡量;⑥ 微观税负(mt),使用增值税总额和所得税总额之和除以工业总产值计算得到;⑦ 国有企业(pe),根据注册类型,判断企业是不是国有企业,是则设定为1,其他设定为0;⑧ 出口(ex),根据企业财务指标中出口交货值是否为0判断企业是否出口,出口则设定为1,否则设定为0;⑨ 退出($exit$),用于衡量企业是否退出,将企业存在的最后一期设定为1,其他存在期间为0。

第四节 实证结果分析

为考察异质性企业规模对全要素生产率的动态影响,本章从总体、地区、所有制三个层面展开了实证分析。基本回归估计采用生产率与企业规模作为核心变量并考虑了控制变量集的固定效应回归模型。考虑到微观数据的内生性问题,通过工具变量法和两阶段 GMM 估计考察内生性对结果的影响。最后,本章应用企业销售总额替换生产率,以及从区域和所有制异质性层面检验实证结果的稳健性。

一、基本估计与内生性讨论

在做了基本的非平衡面板数据的固定效应估计后(估计1和估计2),考虑到微观数据普遍存在内生性因素,本章使用企业规模一阶滞后项 $lag(size)$ 和企业年龄 age 作为工具变量,做工具变量固定效应回归和 GMM 回归分析(估计3和估计4),见表3-4。

表 3-4 企业规模对全要素生产率的影响

变量	全要素生产率对数($\ln tfp_t$)			
	估计 1	估计 2	估计 3	估计 4
$size_{it}$	30.993 73*** (121.15)	31.478 75*** (135.81)	29.117 96*** (59.59)	28.516 69*** (171.16)
$size_{it}^2$	-34.779 3*** (-82.41)	-35.550 77*** (-93.04)	-32.037 25*** (-49.72)	-42.533 48*** (-119.43)
$\ln aw_{it}$	—	0.336 454 2*** (636.23)	0.302 100 1*** (488.17)	0.515 111 2*** (700.36)
pr_{it}	—	0.000 186 6*** (16.96)	0.000 072 3*** (4.20)	0.000 337 1*** (11.73)
kd_{it}	—	-3.00e-06*** (-18.31)	-2.01e-07 (-0.67)	-9.41e-06*** (-20.86)
fc_{it}	—	0.004 242 6*** (36.67)	0.004 526*** (31.99)	0.008 617 2*** (43.71)
dr_{it}	—	5.76e-07*** (9.95)	-0.000 071*** (-23.49)	-0.000 077 6*** (-16.16)
mt_{it}	—	-0.000 031 3*** (-41.85)	-0.001 415*** (-55.84)	-0.001 239 5*** (-35.09)
pe_{it}	—	-0.063 640 7*** (-39.70)	-0.063 005 8*** (-35.29)	-0.238 677 7*** (-171.59)
ex_{it}	—	0.071 524 9*** (52.04)	0.043 049 1*** (27.79)	-0.084 846 7*** (-60.01)
$exit_{it}$	—	0.105 416 5*** (124.81)	0.055 563 3*** (60.26)	-0.012 812 4*** (-8.87)
截距项	5.397 758*** (1.2e+04)	4.516 662*** (2 900.84)	4.675 977*** (2 440.10)	4.229 394*** (1 950.95)
F	10.76	9.53	9.82	58 011.89
R^2	0.007 2	0.187 0	0.168 6	
Sargan	—	—	—	0.000 1
模型选择	FE	FE	IV-FE	IV-GMM
工具变量	—	—	$Lag(size), age$	$Lag(size), age$
样本数 N	2 547 310	2 547 310	1 805 621	1 805 621

注:FE 模型系数下的括号中的为 t 值,IV-FE 和 IV-GMM 模型系数下的括号中的为 z 值;标有"***"的为 0.01 的显著水平。

(一) 基本估计分析

估计1是对企业规模与生产率两个核心变量做固定效应估计,一次项系数为正,二次项系数为负,且两个系数皆显著,符合模型设置的经验假设,表明企业规模对于生产率存在先促进、后抑制的影响。进一步,增加了控制变量集合后的估计2,企业规模及其二次项系数依然显著且符合模型设定假设。因此,企业规模对生产率存在倒"U"型影响,并且经过计算可得企业规模对生产率影响的拐点值分别是 0.445 6 和 0.442 7。

(二) 内生性讨论

估计3和估计4分别是为消除内生性影响,采用了工具变量法和GMM估计的结果。企业规模的一次项和二次项系数都显著,且符合模型设置的假设,表明企业规模与生产率之间依然存在显著的倒"U"型关系,经过计算可得企业规模对生产率影响的拐点值分别为 0.454 4 和 0.335 2。

企业规模与生产率之间关系的基本估计表明,二者之间存在显著的倒"U"型关系,且在考虑了内生性的情况下,依然符合图3-1的拟合判断和模型设置的假设。根据估计1到估计4的企业规模拐点值判断,取值范围为 0.335 2 ~ 0.445 6。结合表3-1的企业规模均值,表明大部分企业规模的扩张依然能够促进生产率的提高,少部分企业规模已经对企业生产率产生了负向抑制影响。

二、稳健性检验:异质性

对基本估计结果的稳健性检验从两个方面展开:一是基于经济增长的多个指标表示异质性,使用企业销售额替代生产率表示经济增长;二是基于企业异质性考虑,从地区和所有制两个层面考察。

(一) 企业销售额

企业规模对企业销售额的影响见表3-5。

表3-5 企业规模对企业销售额的影响

变量	企业销售额对数($lnsale_t$)			
	估计5	估计6	估计7	估计8
$size_{it}$	86.727 5*** (299.07)	87.263 41*** (329.88)	83.916 73*** (152.14)	124.702 6*** (557.40)

续表

变量	企业销售额对数($lnsale_t$)			
	估计5	估计6	估计7	估计8
$size_{it}^2$	-99.753 23*** (-208.52)	-100.555 9*** (-230.58)	-94.695 58*** (-130.17)	-190.430 4*** (-398.18)
$lnaw_{it}$	—	0.344 453 7*** (570.70)	0.284 055 6*** (406.61)	0.578 498 4*** (585.73)
pr_{it}	—	0.000 202 5*** (16.13)	0.000 386*** (19.88)	0.000 665 9*** (17.25)
kd_{it}	—	-1.64e-06*** (-8.75)	-3.71e-05*** (-11.00)	-1.01e-06 (-1.67)
fc_{it}	—	0.000 495 9*** (3.76)	0.000 641 4*** (4.02)	0.002 152 4*** (8.13)
dr_{it}	—	-8.38e-09 (-0.13)	-7.89e-06** (-2.31)	3.28e-06 (0.51)
mt_{it}	—	1.35e-06 (1.58)	-0.000 057 6* (-2.01)	-0.000 032 9 (-0.69)
pe_{it}	—	-0.116 481*** (-64.69)	-0.113 781 8*** (-56.45)	-0.154 896 9*** (-82.93)
ex_{it}	—	0.154 854*** (98.71)	0.105 365 6*** (60.25)	0.244 814 9*** (128.95)
$exit_{it}$	—	0.205 049 8*** (212.72)	0.142 941 5*** (137.32)	-0.097 886*** (-50.49)
截距项	10.109 68*** (1.9e+04)	9.182 63*** (5 167.28)	9.458 533*** (4 372.34)	8.678 503*** (2 981.17)
F	15.10	14.27	14.98	75 943.80
R^2	0.042 2	0.204 8	0.167 9	—
Sargan	—	—	—	0.000 1
模型选择	FE	FE	IV-FE	IV-GMM
工具变量	—	—	$Lag(size),age$	$Lag(size),age$
样本数 N	2 547 310	2 547 310	1 805 621	1 805 621

注:FE 模型系数下的括号中的为 t 值,IV-FE 和 IV-GMM 模型系数下的括号中的为 z 值;标有"***"的为 0.01 的显著水平。

在采用了与基本估计相同的模型设置和工具变量选择的情况下,估计 5 到估计 8 发现,企业规模系数显著,一次项系数为正,二次项系数为负,符合模型设定的假设,表明企业规模与企业销售额之间存在显著的倒"U"型关系。经过计算得到企业规模对销售额影响的拐点值分别为 0.434 7、0.433 9、0.443 1、0.327 4。相较于基本估计,使用企业销售额进行稳健性检验的结论基本稳定,但是企业规模的拐点值都变小了。

(二) 区域异质性

考虑区域异质性的企业规模对生产率的影响见表 3-6。

表 3-6 考虑区域异质性的企业规模对生产率的影响

变量	全要素生产率对数($\ln tfp_t$)			
	估计 9	估计 10	估计 11	估计 12
$size_{it}$	35.908 45*** (130.15)	28.043 16*** (38.04)	37.157 49*** (36.24)	20.338 69*** (24.92)
$size_{it}^2$	-46.174 16*** (-92.80)	-22.286 98*** (-22.43)	-77.808 95*** (-23.43)	-18.642 16*** (-18.55)
$\ln aw_{it}$	0.332 290 1*** (542.01)	0.342 143 4*** (229.09)	0.415 490 7*** (206.52)	0.294 533 2*** (142.10)
pr_{it}	0.000 266 9*** (19.19)	0.000 068 8*** (3.37)	0.004 524 9*** (15.37)	0.000 020 6 (0.47)
kd_{it}	-3.03e-06*** (-8.17)	5.20e-06*** (17.14)	-4.20e-07 (-1.03)	-1.65e-06 (-0.99)
fc_{it}	0.004 647 2*** (33.79)	0.046 891 8*** (31.26)	0.002 222 1*** (10.82)	0.027 631 1*** (15.96)
dr_{it}	3.11e-07*** (5.47)	-0.000 107 4*** (-31.43)	-0.003 244 6*** (-13.87)	-0.000 018 9*** (-2.88)
mt_{it}	-0.000 025 7*** (-35.13)	-0.000 149 6*** (-36.57)	-0.000 740 1*** (-26.84)	-0.956 71*** (-17.06)
pe_{it}	-0.054 955 5*** (-30.10)	-0.079 898 4*** (-18.89)	-0.061 098 1*** (-11.59)	-0.095 671*** (-12.53)
ex_{it}	0.067 383*** (46.25)	0.112 178 5*** (25.21)	0.107 77*** (14.90)	0.025 884 1*** (3.18)
$exit_{it}$	0.083 336 1*** (86.82)	0.160 865 5*** (67.02)	0.063 255 3*** (20.82)	0.245 928 9*** (62.03)
截距项	4.562 676*** (2 506.83)	4.453 396*** (1 059.68)	4.055 009*** (698.77)	4.653 219*** (729.66)

第三章 企业异质性、规模动态与生产率演变

续表

变量	全要素生产率对数（$\ln tfp_t$）			
	估计9	估计10	估计11	估计12
F	9.78	7.95	9.99	7.56
R^2	0.185 8	0.215 0	0.232 2	0.161 3
模型选择	FE	FE	FE	FE
地区	东部地区	中部地区	西部地区	东北地区
样本数 N	1 832 022	332 767	209 495	173 026

注：系数下括号中为 t 值；标有"***"的为 0.01 的显著水平。

估计9到估计12的结果表明，在四个地区中，企业规模对全要素生产率影响估计所得到的结果符合模型设定的假设，二者之间存在显著的倒"U"型关系。经过计算得到四个地区的企业规模对企业全要素生产率影响的拐点值分别为 0.388 9、0.629 1、0.238 8、0.545 5。相较于基本估计，在考虑区域异质性的情况下，企业规模对生产率的影响的经验检验结论与基本估计的结论一致，但是，企业规模的拐点值在区域间表现出明显的差异。企业规模拐点值从小到大排序为西部地区的拐点值、东部地区的拐点值、东北地区的拐点值和中部地区的拐点值。

（三）所有制异质性

考虑所有制异质性的企业规模对生产率的影响见表3-7。

表 3-7　考虑所有制异质性的企业规模对生产率的影响

变量	全要素生产率对数（$\ln tfp_t$）		
	估计13	估计14	估计15
$size_{it}$	20.204 91*** (58.08)	55.618 72*** (94.99)	34.846 09*** (87.48)
$size_{it}^2$	-19.616 85*** (-39.82)	-74.913 12*** (1.091 387)	-50.480 27*** (-57.78)
$\ln aw_{it}$	0.354 968 8*** (315.69)	0.313 458 4*** (434.03)	0.338 625 6*** (289.96)
pr_{it}	0.000 211 7*** (18.23)	0.000 853 5*** (4.09)	0.000 053 8 (1.34)
kd_{it}	-4.12e-07 (-1.14)	4.30e-06*** (16.35)	-9.09e-06*** (-0.91)

续表

变量	全要素生产率对数($\ln tfp_t$)		
	估计 13	估计 14	估计 15
fc_{it}	0.006 434 2*** (25.42)	0.002 861*** (21.94)	0.016 471 7*** (25.50)
dr_{it}	−0.000 041 3*** (−24.42)	−0.000 106 4*** (−30.08)	2.80e−07*** (4.56)
mt_{it}	−0.000 194 3*** (−48.71)	−0.000 134*** (−29.00)	−0.000 021 8*** (−29.75)
ex_{it}	0.097 406 6*** (31.82)	0.072 129 9*** (34.03)	0.048 714 9*** (21.83)
$exit_{it}$	0.029 613 7*** (18.02)	0.153 236 8*** (130.64)	0.069 305 4*** (37.55)
截距项	4.288 057*** (1 569.08)	4.657 877*** (2 311.37)	4.486 827*** (1 244.22)
F	10.40	6.80	9.55
R^2	0.161 4	0.196 7	0.183 1
模型选择	FE	FE	FE
登记类型	国有企业	民营企业	外资企业
样本数 N	774 514	1 237 344	535 452

注：系数下的括号中的为 t 值；标有"***"的为 0.01 的显著水平。

估计 13 到估计 15 的结果表明，对于不同的所有制企业，企业规模对全要素生产率估计的结果同样符合模型设定的假设，二者之间依然表现出显著的倒"U"型关系。经过计算得到企业规模对企业全要素生产率影响的拐点值分别为 0.515 0、0.371 2、0.345 1。相较于基本估计，在考虑所有制异质性的情况下，企业规模对生产率的影响的经验检验结论与基本估计的结论一致，但是，企业规模的拐点值在不同所有制企业间表现出明显的差异。企业规模拐点值从大到小依次是国有企业的拐点值、民营企业的拐点值和外资企业的拐点值。

第四章 企业异质性规模动态、生产率与市场存活

企业动态对经济增长的影响是以企业存活为前提的。在诸多直接影响企业市场存活的异质性因素中,企业的异质性规模和生产率最为关键。本章关注新进入企业或者新建企业的市场进入规模和全要素生产率对其市场存活的影响。

第一节 理论分析与研究假说

一、企业规模与市场存活

对于新成立的企业,小规模企业的存活率要明显低于大规模企业(Audretsch 和 Mahmood,1994),其市场退出率往往较高,并且生存状况不佳(Buddelmeyer 等,2010)。中国新成立的国有企业的相关研究表明,初始规模越小,对其生存的负面影响就越大(张训常等,2019)。相比于小规模企业,大规模企业拥有规模经济优势,而且大规模企业在声誉、人力资源等方面也更具优势(Esteve-Pérez 和 Sanchis-Llopis,2010;张静等,2013)。企业的生存概率随着规模的扩大和生存年龄的增加而提高。频繁进入、退出的企业规模普遍偏小(Bartelsman 等,2005),而退出率随其进入规模的增大而降低(Strotmann,2007)。王森薇和郝前进(2012)利用 1995—2009 年上海市新成立企业数据,认为企业初始规模对于企业生存有着显著的非线性影响。但是,李强(2019)在研究经济环境、政府补贴与企业发展时,认为规模较大的企业退出率较高。综上,

已有研究基本一致认为企业规模与市场存活之间存在显著的正相关关系,但是过大的企业规模反而不利于企业市场存活。据此,本章提出第一个研究假说,如下。

假说1:企业规模显著正向影响其市场存活,二者之间存在非线性关系,且影响程度呈现递减的特征。

二、企业生产率与市场存活

制造业的增长来源于企业平均规模的增长和企业数目的增加(章韬和孙楚仁,2012),企业数目增加所引发的竞争促使选择效应加强,引发资源在同行业企业之间重新配置,能够提高行业整体生产率水平,进而增强其存活能力(孙晓华和王昀,2014;林玲和孙腾,2016)。具有资源禀赋和垄断优势的大企业,容易产生规模经济,往往生产率水平较高(姚洋和章奇,2001)。政府倾向于通过扶持大企业和大集团,提升产业集中度,改善技术创新能力,促进生产率提高,从而带动经济结构转型和产业结构升级(王永进等,2017)。关注企业生产率异质性的产业演进模型被认为是理解生产率影响企业退出机制的典范(Melitz,2003)。生产率较高的新建企业生存率也较高(张静等,2013),企业发展前景更好(李强,2019)。国有企业创立时的初始效率越低,对国有企业生存的负面影响越大(张训常等,2019)。王森薇和郝前进(2012)认为生产率和企业生存为非线性关系。而Esteve-Pérez等(2017)进一步分析,认为企业的生产率在企业发展的成熟阶段可以更为显著地降低其退出风险。综上,企业生产率和企业市场存活存在显著的正相关关系,尤其是在企业成熟阶段相关性更强。据此,本章提出第二个研究假说,如下。

假说2:企业生产率显著正向影响其市场存活,二者之间存在非线性关系,且影响程度呈现递增的特征。

第二节 计量模型、变量与数据

一、模型设置

考虑到样本数据存在删失问题,为了准确刻画企业的生存规律,本章借鉴

被广泛使用的 Cox PH 模型(王淼薇和郝前进,2012;李强,2019)来估计企业的退出风险。模型设定为:

$$h(t, x_i) = h_0(t)\exp(\beta_i x_i) \quad (4-1)$$

其中,$h(t,x_i)$ 为企业 i 在 t 时刻的风险函数,表示该企业在 $t-1$ 时期存活,而在 t 时期退出市场的发生概率;$h_0(t)$ 为基准风险函数,表示不考虑任何变量的情况下,企业在 t 时期退出市场的发生概率;x_i 为影响企业退出市场概率的单个因素变量,或者多个因素的协变量;β_i 为 x_i 对应的回归系数;$\exp(\beta_i x_i)$ 为变量对应的风险比例指数。

二、变量选择

(一)被解释变量

已有研究对于企业存活时间的估计广泛采用企业从注册到统计退出的持续期间(王淼薇和郝前进,2012;高凌云和易先忠,2019;张辽和王俊杰,2020)。事实上,企业注册对应的市场存活结局是企业注销,退出统计并不意味着企业消亡。很显然,部分已有研究对于企业存活的判断并不准确,即对于企业产生和退出的前后标准并不一致。本章参考李坤望和蒋为(2015)的方法,采用企业法人代码识别企业行为状态,将企业划分为新进入企业、在位企业和退出企业三类。企业从进入统计到观测期结束,有在位企业和退出企业两种结局状态。在位企业的市场存活时间为其进入统计到观测期结束的持续时间。退出企业的市场存活时间为其进入统计到退出统计的持续时间。样本期间,企业的市场存活时间和存活状态构成了 Cox 生存分析的时间—事件变量,即本章的被解释变量。

(二)解释变量

1. 企业进入规模

企业规模的测度是一个基础性问题。而已有研究对于企业规模衡量指标的选择较为主观,主要有企业年销售额(Acemoglu 和 Cao,2015;盛斌和毛其淋,2015;王永进等,2017;张训常等,2019;李强,2019)、企业资产总计(李贲和吴利华,2018)、企业年平均雇员人数(高凌云等,2014;魏下海等,2018)、企业工业总产值(杨汝岱和朱诗娥,2018;高凌云和易先忠,2019)、企业注册资本(张辽和王俊杰,2020;李峰和王亚星,2020)等。使用单一的绝对值指标衡量企业规模,通常忽视了不同行业、技术水平和要素密集特征的企业异质性,规模随着指标选取的更换而产生较大变动,容易造成偏误。因此,本章不同于已有的绝对值指标法,而是采用标准化方法,构建一个涵盖工业销售产值、资产合计和就业人数三个指标信息的企业规模综合指数,以期能够更为准确地测度企业规模,对现有的研究形成有益补充(见第三章有关内容)。

为考察企业规模的非线性影响,本章进一步引入企业规模的二次项。

2. 企业全要素生产率

企业全要素生产率估计的常用方法主要有指数法、数据包络分析法、随机前沿分析法、OLS 法、GMM 法、OP 法、LP 法和 ACF 法等(Olley 和 Pakes,1996;Levinsohn 和 Petrin,2003;Wooldridge,2009;Beveren,2012;鲁晓东和连玉君,2012;Ackerberg 等,2015;尹恒等,2015;杨汝岱,2015;张天华和张少华,2016)。一般认为基于传统生产函数的指数法、OLS 法等存在严重的内生性(杨汝岱,2015),而引入企业个体虚拟变量的 FE 法和 GMM 法克服内生性的尝试,导致了大量有效信息的弃用(鲁晓东和连玉君,2012)。为了消除内生性和样本选择偏误,奥利和派克斯于 1996 年开创性地提出了使用代理变量方法处理内生性的生产率结构估计思路,即将企业投资作为企业生产率的代理变量,应用半参数方法估计企业全要素生产率。事实上,统计数据中企业的投资信息存在大量缺失,或者出现投资为零的情况,因此,OP 法依然存在大量样本被弃用的问题。为解决这个问题,莱文索恩(Levinsohn)和彼得林(Petrin)于 2003 年提出使用生产的中间投入指标替代企业投资作为企业生产率代理变量的思路,发展出了 LP 法。2015 年,阿克贝里(Ackerberg)等认为 LP 法虽然能够弥补 OP 法的缺陷,但是由于共线性也产生了识别问题,因而提出了综合两种方法的 ACF 法。而 ACF 法本质上又回到了指数法的逻辑(尹恒和杨龙见,2019),更适用于静态可调整投入的情况,并不适用于动态投入的情况。总体来看,OP 法极大地推动了企业生产率结构估计法的发展并成为当前实证分析中应用最为广泛的方法。

本节的企业全要素生产率 OLS 估计采用柯布道格拉斯生产函数形式:

$$V_{it} = A_{it} K_{it} L_{it} \tag{4-2}$$

其中,i 表示企业 i;t 表示年份;V_{it} 为企业产出,用工业总产值来衡量;A_{it} 为全要素生产率;K_{it} 为资本投入,用企业固定资产总值衡量;L_{it} 为劳动投入,用年末就业人数来衡量。进一步,对式(4-2)两边取对数转化为线性函数形式:

$$v_{it} = \alpha_0 + \alpha_1 k_{it} + \alpha_2 l_{it} + u_{it} \tag{4-3}$$

其中,$u_{it} = \varpi_{it} + \varepsilon_{it}$,$\varpi_{it}$ 和 ε_{it} 分别表示企业生产率冲击和随机误差项。

将上述简单线性方程(4-3)应用于企业全要素生产率估计时,存在内生性和样本选择偏差。内生性源于企业根据生产率调整投入决策从而影响产出;而样本选择偏差源于观测对象皆是存活企业,遗漏了退出企业,即样本非随机(余淼杰,2010)。

OP法解决上述问题的实际估计过程分为两步:第一步是控制生产率的内生性,估计出劳动的弹性系数;第二步是将资本投入等对投入决策的有影响因素分离出来,进而估计出资本投入的弹性系数。

设定投资函数为:

$$i_{it} = i_t(\varpi_{it}, k_{it}) \tag{4-4}$$

进一步得到投资函数的反函数为 $h(\quad) = i^{-1}(\quad)$,可以得到:

$$\varpi_{it} = h_t(i_{it}, k_{it}) \tag{4-5}$$

将式(4-5)代入式(4-3),可得新的生产函数为:

$$v_{it} = \alpha_0 + \alpha_1 k_{it} + \alpha_2 l_{it} + h_t(i_{it}, k_{it}) + \varepsilon_{it} \tag{4-6}$$

其中,$\alpha_1 k_{it} + h_t(i_{it}, k_{it})$ 被定义为资本的贡献;$\alpha_2 l_{it}$ 被定义为劳动的贡献。将资本的贡献设定为:

$$\eta_{it} = \alpha_1 k_{it} + h_t(i_{it}, k_{it}) \tag{4-7}$$

那么,生产函数可以写成:

$$v_{it} = \alpha_0 + \alpha_2 l_{it} + \eta_{it} + \varepsilon_{it} \tag{4-8}$$

对式(4-8)估计,得到劳动贡献的一致无偏估计系数。接着,应用估计得到的系数拟合 η_{it} 的估计值,进而估计得到资本存量的估计系数(鲁晓东和连玉君,2012)。最后,利用估计结果,拟合式(4-2)估计残差的对数值,即企业全要素生产率的对数值。

OP生产率估计方法中,投资是必需的代理变量,而中国工业企业数据库中未提供投资指标数据。参考鲁晓东和连玉君(2012)的做法,本章采用资本永续盘存法估算企业投资数据,设定投资函数为:

$$I_{it} = K_{it} - K_{it-1} + D_{it} \tag{4-9}$$

其中,I_{it} 为 t 年份企业 i 的投资额,初始年份的投资额采用第二年及以后年份的投资额与固定资产比率的均值乘以初始年份的固定资产总值估计获得;K_{it} 为资本存量,用固定资产总值表示;D_{it} 为企业折旧,即样本中的本年折旧变量。

为了考察企业生产率的非线性影响,本章同时引入企业生产率的二次项。

(三)控制变量

参考盛斌和毛其淋(2015)、李贲和吴利华(2018)的做法,控制变量选择如下:①资本密集程度,用固定资产总值与就业人数的比值表示,并且使用1998年的固定资产投资价格指数剔除价格因素。通常认为资本密集型企业相对于劳动密集型企业具有更高的生产率,有利于其成长与存活。在做模型分析时,取该变量的对数值代入。②平均工资,用企业当年应付工资和薪酬总额除以就业人数得到,可以反映企业的技术密集程度,并且使用1998年的生产者价格指数剔除价格因素。企业的劳动力技术水平对企业的市场竞争力具有关键作用,进而影响到企业的市场存活。具有不同技术能力水平的不同劳动群体的工资表现出较大的差异。模型分析中也取该变量的对数值代入。③企业负债率,用企业负债总额除以资产总额衡量,是反映企业现有资产质量和未来盈利预期的重要指标,同样使用1998年的生产者价格指数剔除价格因素。企业负债率反映了企业融资能力和未来的生产预期。④所有制类型,根据企业登记类型,企业分为国有企业、民营企业和外资企业三种类型,其中国有企业包括了国有和集体所有两类公有制企业,反映了企业所面临的政策约束,以及自身所具备的资源和技术差异。⑤地区分组,根据国家统计局的东部地区、中部地区、西部地区和东北地区分组方法,反映空间差异对企业存活的影响。经济发展空间不平衡的现实,决定了不同地区的企业市场存活受到其区域整体经济环境的影响。

三、数据处理

企业微观数据来源于中国工业企业微观数据库(1998—2013),主要变量有工业总产值、销售总额、就业人数、资产总值、资本存量、折旧等。以1998年为基期,应用国研网宏观经济数据库中的工业生产者出厂价格指数、固定资产投资价格指数剔除相应指标的价格因素。参照国家统计局的区域划分标准,将地区划分为东部地区、中部地区、西部地区和东北地区四个区域。考虑到数据的可得性,以及企业注册登记的法律权威性,所有制根据企业注册登记类型和代码,分为国有企业(包括集体企业)、民营企业和外资企业三种类型。

参考被广泛采用的数据清洗方法(聂辉华等,2012;陈诗一和陈登科,2017;嵇正龙和宋宇,2020),对样本数据主要做如下处理:①选择制造业企业;②每个样本企业的工业总产值、工业销售产值、资产总计、固定资产合计、折旧、应付工资和负债合计应都大于0;③每个样本企业的就业人数不少于8人。

对于部分年份企业财务数据的缺失,本章采用前、后年的法人代码匹配处理,识别企业的存续状况,采用均值插值法和比率插值法补齐。具体做法如下:

在处理 t 年份的企业缺失的财务数据时,结合 $t-1$ 年份和 $t+1$ 年份的企业数据,通过法人代码匹配,识别企业在 t 年份是否存在且能够使用插值法处理。企业在 3 年中存在与否,形成的排列组合有 8 种情况,但是只有(存在,存在,存在)、(存在,不存在,存在)、(存在,存在,不存在)和(不存在,存在,存在)4 种情况可以匹配识别并估计出 t 年份的企业财务数据,其中,前两种情况采用均值插值法补齐,后两种情况采用比率插值法补齐。

关于企业的进入、存活和退出 3 种状态的识别,参考李坤望和蒋为(2015)的做法,即用企业法人代码识别企业行为状态。具体方法为:t 年份存在、$t-1$ 年份不存在的企业,定义为 t 年份新进入状态;t 年份存在、$t+1$ 年份不存在的企业,定义为 t 年份退出状态;剔除只在 t 年份存活 1 年的企业,剩余的企业即为 t 年份存活企业。之所以剔除只在 t 年份存活 1 年的企业,是因为这部分企业同时符合进入和退出的定义,会导致重复界定。

此外,关于数据删失问题的处理,数据库初始年份为 1998 年,由于没有前 1 年企业数据,存在"左删失"问题,导致无法识别进入企业,因此,用 1998 年当年新成立企业代表进入企业。同时,不能确切地知道数据库中 2013 年的在位企业和新进入企业的市场存活时间,形成"右删失"。本章选择 Cox PH 模型进行分析,不受数据"右删失"的约束。

前述数据处理的方法,可以较好地解决现有研究中数据样本选择的不足。进入企业的市场存活样本数据为非平衡面板数据集,用于基本估计,并且进一步从总体样本数据中抽取当年成立即进入统计的新成立企业数据集,用于稳健性检验分析。

第三节 实证结果分析

一、主要变量的相关分析

(一) 企业市场存活期

按照前述数据处理方法清洗中国工业企业数据得到总计 586 591 条观测记录的进入企业样本数据集,见表 4-1。

表 4-1 进入企业存活期分布

企业存活期	企业数量	百分比	累计百分比
1	43 312	7.38%	7.38%
2	93 301	15.91%	23.29%
3	64 134	10.93%	34.22%
4	85 558	14.59%	48.81%
5	34 720	5.92%	54.73%
6	27 849	4.75%	59.47%
7	42 002	7.16%	66.64%
8	39 915	6.80%	73.44%
9	33 135	5.65%	79.09%
10	47 027	8.02%	87.11%
11	20 154	3.44%	90.54%
12	14 850	2.53%	93.07%
13	16 020	2.73%	95.80%
14	6 900	1.18%	96.98%
15	7 062	1.20%	98.18%
16	10 652	1.82%	100.00%
合计	586 591	100.00%	—

注：表中数据由作者计算得到。下文同此。

样本企业的平均存活期为 5.91 年，生存年限中位数为 5 年，存活期在 6 年以下的累积百分比为 54.73%。存活期仅为 2 年的，累计占比为 23.29%，显著低于平均值和中位数。由此判断，样本数据的企业存活年限呈现显著的右偏分布，与陈勇兵和蒋玲多(2012)的观点一致。为了进一步统计描述进入企业规模和生产率对其市场存活的影响，将对二者分组绘制 Kaplan-Meier 生存曲线（简称"K-M 曲线"）进行分析。

（二）进入企业的规模与市场存活

企业规模是一个连续指标，为了初步探索其对企业市场存活的影响，采用四分位分组法，分为小规模、中小规模、中大规模和大规模四组，并且绘制市场存活 K-M 曲线，见图 4-1。企业规模的 4 条生存曲线依次排列，企业的中位生存风险概率对应的存活年限分别为 5 年、7 年、9 年和 12 年。初步判断，企业规模增大对企业的存活具有重要的促进作用，即企业进入规模越大，生存概率越高，存活期越长。

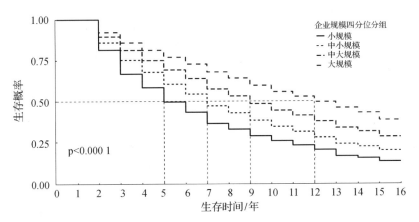

图 4-1 进入企业规模四分位分组的市场存活 K-M 曲线

(三) 进入企业的生产率与市场存活

与企业规模的分组思路一样,通过四分位分组将企业生产率从小到大分为低生产率、中低生产率、中高生产率和高生产率四组,并且绘制出 K-M 生存曲线,见图 4-2。生产率分组生存曲线表明,企业的中位生存概率对应的存活年限依次为 5 年、7 年、10 年和 14 年。可以看出,企业的生产率对企业的存活同样具有积极的作用,即进入企业的生产率越高,企业存活期越长,存活概率越高。

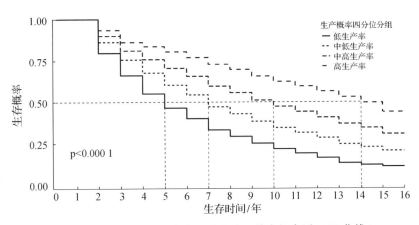

图 4-2 进入企业生产率四分位分组的市场存活 K-M 曲线

二、Cox PH 模型分析

企业进入规模和生产率及其他控制变量对企业市场存活的 Cox PH 模型单因素分析和多因素分析结果见表 4-2。

表 4-2　进入企业市场存活的 Cox PH 模型分析结果

变量	单因素 Cox 分析			多因素 Cox 分析		
	回归系数（β）	风险比例（HR）	统计量（z）	回归系数（β）	风险比例（HR）	统计量（z）
企业规模	-72.750 0	0.000 0	-52.43***	-9.090 0	0.000 1	-9.912***
企业规模二次项	78.820 0	16 970.00	-4.197***	9.509 0	13 480.00	8.076***
生产率	-0.129 7	0.878 4	-12.87***	-0.183 6	0.832 2	-19.790***
生产率二次项	-0.027 2	0.973 2	-31.00***	-0.025 2	0.975 1	-30.801***
资本密集度	-0.137 8	0.871 2	-105.7***	-0.147 2	0.863 1	-98.826***
平均工资	-0.276 4	0.758 5	-125.8***	0.077 2	1.080 0	26.071***
负债率	-0.000 1	1.000 0	-0.508	-0.000 1	1.000 0	-0.037
所有制	-0.135 2	0.873 5	-42.27***	-0.177 3	0.837 5	-52.742***
国有企业	0.168 9	1.184 0	40.96***	—	—	—
民营企业	-0.088 4	0.915 4	-22.98***	—	—	—
外资企业	-0.140 5	0.868 9	-22.06***	—	—	—
地区	-0.015 0	0.985 1	-7.311***	-0.007 9	0.992 2	-3.728***
东部地区	0.040 9	1.041 8	10.1***	—	—	—
中部地区	-0.057 3	0.944 3	-10.74***	—	—	—
西部地区	0.007 4	1.007 4	1.176	—	—	—
东北地区	-0.035 8	0.964 9	-4.755***	—	—	—

注：标有"***"的代表 $p<0.01$，标有"**"的代表 $p<0.05$，标有"*"的代表 $p<0.1$。下文同此。

从控制其他变量的单因素分析结果可以看到，企业规模的回归系数为负，风险比例系数小于1，表明企业规模正向影响企业的市场存活，即随着企业规模的增大，可以显著地降低企业的死亡率。而企业规模的二次项的回归系数为正，风险比例系数大于1，表明企业规模与市场存活之间存在非线性关系，且随着企业规模增大，其对企业的市场存活的影响程度递减。根据考虑其他变量协同变化的多因素分析结果，企业规模及其二次项的回归系数和风险比例系数的符号没变，但是绝对值都变小，表明企业规模对其市场存活的影响依然是显著正向的，二者之间仍然存在非线性关系，但是影响程度在降低并呈现递减趋势。

总体上,关于企业规模影响企业存活的实证分析,验证了假说1。

在控制其他变量的情况下,企业生产率及其二次项的回归系数都为负,风险比例系数都小于1,表明企业生产率显著正向影响企业的市场存活,二者存在非线性关系,并且影响程度是递增的。考察多因素协同影响的分析结果,与单因素实证所得到的结果相一致。关于企业生产率影响企业存活的实证分析,验证了假说2。

资本密集程度的单因素分析和多因素协同分析的回归系数都为负,风险比例系数小于1,表明进入企业的更高的资本密集程度能够有效地降低其死亡风险。平均工资在单因素分析中与企业市场存活正相关,但是在多因素协同影响分析中,却表现出负相关关系。负债率在两种情况下的估计结果都不显著。

三、稳健性检验

针对新成立企业样本,本章的稳健性检验采用了与基准分析一致的Cox PH模型设置,选择相同的变量,分别进行了单因素分析和多因素分析,结果见表4-3。

表4-3 新成立企业市场存活的 Cox PH 模型分析结果

变量	单因素Cox分析			多因素Cox分析		
	回归系数(β)	风险比例(HR)	统计量(z)	回归系数(β)	风险比例(HR)	统计量(z)
企业规模	-56.450 0	0.000 1	-10.750***	-20.510 0	0.000 1	-4.092***
企业规模二次项	217.200 0	2 058.00	8.945***	87.940 0	155.60	3.646***
生产率	-0.155 7	0.855 8	-5.121***	-0.212 2	0.808 8	-7.327***
生产率二次项	-0.004 6	0.995 5	-3.629***	-0.002 9	0.997 1	-2.209*
资本密集度	-0.110 0	0.895 8	-27.09***	-0.132 1	0.876 2	-29.746***
平均工资	-0.132 4	0.876 0	-18.27***	0.051 1	1.052 0	5.764***
负债率	-0.000 1	1.000 0	-0.253	-0.000 1	1.000 0	-0.214
所有制	-0.079 1	0.924 0	-7.252***	-0.131 3	0.877 0	-11.571***
国有企业	0.068 0	1.070 4	4.948***	—	—	—
民营企业	-0.007 2	0.992 9	-0.56	—	—	—
外资企业	-0.154 8	0.856 6	-6.703***	—	—	—

续表

变量	单因素 Cox 分析			多因素 Cox 分析		
	回归系数（β）	风险比例（HR）	统计量（z）	回归系数（β）	风险比例（HR）	统计量（z）
地区	-0.001 7	0.998 3	-0.277	0.002 3	1.002 0	0.367
东部地区	-0.035 5	0.965 1	2.873**	—	—	—
中部地区	0.095 3	1.100 0	6.311***	—	—	—
西部地区	-0.029 2	0.971 2	-1.457	—	—	—
东北地区	-0.049 0	0.952 2	-2.203*	—	—	—

企业规模及其二次项对市场存活影响的估计结果与基准估计相一致。企业规模的回归系数为负，风险比例系数小于 1，而企业规模二次项的回归系数为正，风险比例系数大于 1。企业生产率及其二次项对市场存活影响的估计结果与基准估计也基本一致。企业生产率及其二次项的回归系数都为负，风险比例系数都小于 1。不同于基准估计的地方是二次项的统计显著性置信水平更低。控制变量的系数估计结果，除了区域异质性估计结果不显著，其他变量回归系数和风险比例系数也与基准估计基本一致。因此，总体上看，基准估计的结果具有较高的稳健性，基于此得到的结论具有较高的可信度。

四、异质性分析

所有制和地区两个异质性指标显著影响企业的存活，见表 4-2。

从所有制性质看，单因素和多因素分析的结果都表明非国有企业相对于国有企业具有较低的死亡风险，非国有企业死亡风险大约是国有企业的 0.850 0 倍。具体来说，国有企业死亡风险是非国有企业的 1.184 0 倍；民营企业的死亡风险是非民营企业的 0.915 4 倍；外资企业的死亡风险是非外资企业的 0.868 9 倍。

从地区分组看，单因素和多因素分析的结果都表明非东部地区企业相对于东部地区企业具有较低的死亡风险，非东部地区企业死亡风险大约是东部地区企业的 0.985 0 倍。具体来说，东部地区企业的死亡风险是非东部地区企业的 1.041 8 倍；中部地区企业的死亡风险是非中部地区企业的 0.944 3 倍；东北地区的企业死亡风险是非东北地区企业的 0.964 9 倍；西部地区统计结果不显著。

第五章 企业网络位置动态、吸收能力与企业生产率

企业网络位置与其信息技术获得能力和社会资本控制优势密切相关,进而影响其全要素生产率。本章基于中国上市公司数据,分别构建供应链网络、董事网络和交叉持股网络并将它们叠加,考察企业网络位置动态对企业全要素生产率的影响。

第一节 理论分析与研究假说

处于中心位置或占有较多结构洞的企业往往具有信息优势和控制优势,获取技术和知识溢出更具有优势(谢德仁和陈运森,2012;蒋天颖和孙伟,2012;吴福象等,2013),能够避免冗余信息的干扰,筛选出更有价值的信息和知识。因此,本章构建"企业网络位置—吸收能力—企业生产率"的理论分析框架,探讨企业的网络位置动态对企业生产率的影响,以及吸收能力调节机制,见图5-1。

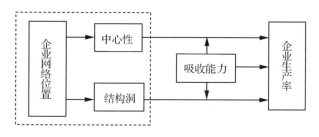

图5-1 企业网络位置的生产率效应机制

一、多维企业网络及其位置动态

已有文献构建企业网络的维度选择,主要集中在人员流动联系、产品服务链接、资本相互嵌入三个方面,多是基于单一维度的研究。第一,基于企业人员流动联系建立起来的企业网络可以被细分为连锁董事网络、独立董事网络和人力资本流动网络三类(尹筑嘉等,2018;孙博等,2019)。董事会是公司治理的核心机构,通过对高管的选聘和监督,以维护所有者权益的最大化。企业董事的交叉任职强化了企业间联系,形成了连锁董事网络。关于连锁董事网络的研究非常丰富,且较为成熟,是应用最为广泛的企业网络构建维度。由于独立董事网络所能反映的信息基本被连锁董事网络所覆盖,而人力资本流动网络构建所依赖的员工离职、就职的信息数据获取较难,因此,本章选择连锁董事网络作为构建多维企业网络的维度之一。第二,基于企业间产品服务构建的企业网络往往强调企业的供应商和客户之间建立起复杂的产品和服务贸易网络(孙浦阳和刘伊黎,2020)和供应链网络(宋华和卢强,2017;Bernard 等,2019;史金艳等,2019)。本章选择供应链网络为构建多维企业网络的维度之二。第三,企业间资本嵌入联系的研究主要从公司的交叉持股和风险投资两条路线展开(沙浩伟和曾勇,2014;罗吉等,2016;王育晓等,2018)。由于风险投资机构所建立的网络样本容量较小且数据获取较难,因此本章选择交叉持股所建立的资本嵌入网络作为构建多维企业网络的维度之三。理论上来说,企业网络是由无数个维度联系而形成的,本章选择研究中最为常用的、具有代表性的连锁董事、供应链和交叉持股三个网络维度,叠加合成具有代表性的多维企业网络。

网络位置特征通常使用中心性和结构洞(Burt,1992)两个指标进行衡量,在已有研究中被广泛使用(钱锡红等,2010;沙浩伟和曾勇,2014;陈运森,2015;朱丽等,2017;尹筑嘉等,2018;史金艳等,2019)。中心性可以反映企业在网络中的重要程度,测度企业与网络中其他企业链接的广泛程度,强调与企业直接联系的紧密程度。衡量中心性的值越大,表明企业与其他企业联系程度越高,企业越处于中心位置,越具有资源和信息优势。与中心性不同,结构洞强调企业处于联系稀疏的区域(Burt,1992),成为互不相连的许多个体或者簇群的桥梁(Uzzi,1997),进而获得竞争优势及收益扩张。中心性带来的是社会资本,而结构洞反映的是关系优势。由于中心性和结构洞强调的企业优势来源不同,为了充分反映企业的网络位置信息,常常将二者一起使用,分析结论能够互为补充(张玲等,2020)。因此,本章也用网络的中心性和结构洞两个指标的变动衡量企业网络位置的动态。

二、网络位置动态与生产率

关于企业网络位置动态影响企业相关特征指标的讨论主要集中在创新(钱锡红等,2010;刘善仕等,2017;吴伊菡和董斌,2020)和融资(许浩然和荆新,2016;尹筑嘉等,2018)两个方面,基本都认为企业网络位置优势显著地促进了企业创新,或者有效地缓解了融资约束,或者降低了融资成本。也有部分学者关注了企业网络中心性和结构洞对企业总体绩效的影响(沙浩伟和曾勇,2014;陈运森,2015;王育晓等,2018;Bernard 等,2019),大多用企业总资产收益率来衡量企业绩效,认为处于有利的企业网络位置可以改善企业绩效。但是,任兵(2004)和史金艳等(2019)认为有利的网络位置与企业绩效存在负相关关系,前者认为存在治理失灵,后者将此归因于市场化程度较低,也可能存在样本设定限制和指标选择偏误。事实上,有利的网络位置能够改善企业创新、融资约束和投资绩效等,进而促进企业绩效提升,这已经成为经济学理论研究和实践经验的共识。例如,有学者从公司层面的产业链条构建了企业网络,认为供应链网络结构特征促进了企业生产率(Kao 等,2017)。综上所述,企业网络位置优势促进企业的各项绩效指标的改善,最终都体现为企业生产率的提高。由此,提出本章的假说1a。

假说1a:企业网络中心性和结构洞两个位置特征与企业生产率显著正相关。

进一步从产权角度分析,企业网络通过引智作用显著地提升了民营企业的创新水平(王营和张光利,2018),民营企业绩效相对于国有企业受到更显著的促进(沙浩伟和曾勇,2014)。也就是说,企业网络位置动态对企业绩效的影响由于产权异质性,从而表现出一定的差异。由此,提出本章的假说1b。

假说1b:相对于国有企业,企业网络位置对生产率的影响在民营企业中更为显著。

三、企业网络位置与吸收能力

科恩(Cohen)和利文索尔(Levinthal)于1989年开创了关于企业吸收能力的研究,将其定义为企业识别外部信息、消化信息、应用信息的能力。企业所处的位置意味着与其他企业之间的网络链接(Granovetter,1985)。网络中链接强度越高,企业间的信任程度越强,越能促进企业间知识转移,在获取有价值信息的同时促进了企业创新能力的提升。处于优势位置的企业能够从多样非冗余信息中获益,容易获得更多的合作机会(钱锡红等,2010),有利于知识的传播,从而促进生产率提高。企业网络为企业间技术信息外溢创造了便利的渠道(孙浦阳和刘伊黎,2020),有助于企业获取知识与信息。企业网络也是资金和知识的转移载体(Faleye 等,2015),包括技术信息在内的各种资源都可以在企业网络中流动。基于此,提出本章的假说2a。

假说2a:企业的吸收能力强化了企业网络位置对生产率的影响。

进一步看,企业技术追赶效应的大小依赖于企业的吸收能力大小(孙浦阳和刘伊黎,2020)。企业网络是企业的一种独特资源,有助于企业提高绩效,但是会因为企业的能力差异而产生利用情况的差异(宋华和卢强,2017)。如果企业的吸收能力较强,能够有效地提升企业自主创新能力(赵增耀和王喜,2007),往往具有更好的创新绩效和更强的竞争力,且容易与其他企业建立知识联系。企业获取新知识需要占据有利的网络位置,而关键在于知识的吸收和融合。居于优势位置的企业可能获得更多、更优质的信息和知识,但是并不代表能够充分利用它们(钱锡红等,2010),吸收能力在企业协同创新影响企业绩效的过程中具有中介调节作用(解学梅和左蕾蕾,2013)。由于不同的企业存在技术水平差异,以及不同的网络位置所具有的优势和资源也不同,这就导致了在同等的知识溢出条件下,在企业网络位置影响企业生产率的知识溢出机制中,吸收能力发挥了重要的调节作用。基于此,提出本章的假说2b。

假说2b:企业网络位置与企业吸收能力的交互影响,能够显著促进生产率。

第二节 计量模型、变量与数据

一、模型设置

为验证研究假说并与理论分析的逻辑和框架相契合,本章构建非平衡面板数据模型,并且采取逐步引入关键变量的回归策略进行经验验证。根据理论分

析,企业吸收能力在企业网络位置与企业生产率之间具有重要的调节作用,本章设置了完整的实证模型,表达式如下:

$$TFP_{it} = \alpha_0 + \alpha_1 LO_{it} + \alpha_2 AC_{it} + \alpha_3 (LO_{it} \times AC_{it}) + \beta_{it} X_{it} + \varepsilon_{it} \quad (5\text{-}1)$$

其中,TFP_{it}为第i个企业在t年份的企业生产率;LO_{it}为企业网络位置;AC_{it}为企业吸收能力;$LO_{it} \times AC_{it}$为企业网络位置与企业吸收能力的交互项;β_{it}为控制变量的系数向量;X_{it}为控制变量集合;ε_{it}为随机误差项。根据研究假说,系数估计需要满足$\alpha_1 > 0$、$\alpha_2 > 0$、$\alpha_3 > 0$。

二、变量选择

(一)企业生产率

目前基于微观企业数据测度企业全要素生产率的估计方法中,OP法、LP法和ACF法应用较为广泛(尹恒等,2015)。其中,LP法(Levinsohn和Petrin,2003)采用中间投入变量作为代理变量的做法,使得样本损失量较小,能够更好地测度企业全要素生产率的状况。参考许多学者(Petrin等,2004;尹恒等,2015;王雷和王新文,2020)的做法,设定如下生产率估计模型:

$$\ln y_{it} = \theta_0 + \theta_1 \ln l_{it} + \theta_2 \ln k_{it} + \theta_3 m_{it} + w_{it} \quad (5\text{-}2)$$

其中,y_{it}为i企业t年份的企业产出,用企业营业收入衡量;l_{it}为i企业t年份的劳动投入,用应付职工薪酬衡量;k_{it}为i企业t年份的资本投入,用资产负债表中的固定资产净额表示;m_{it}为i企业t年份的中间产品、原料和能源的价值等,按照一般会计准则,使用公式"中间投入=营业成本+销售费用+管理费用+财务费用-折旧与摊销-支付给职工及为职工支付的现金"计算得到。式子中的残差项w_{it}的对数值即为LP法估计的i企业t年份的全要素生产率对数。

(二)企业网络位置

测度企业的网络位置之前,需要构建企业社会网络。根据理论分析部分,本章先将应用较为广泛的连锁董事网络、供应链网络和交叉持股网络叠加,构建多维企业网络,然后测度企业网络位置特征值。

1. 多维企业网络

第一步,设立公司对矩阵。首先将N个公司按照一定的规则排序并保持稳定不变,构建一个空的$N \times N$公司对矩阵Φ_{c0},如式(5-3)所示。

$$\Phi_{C0} = \begin{bmatrix} & C_1 & C_2 & C_3 & \cdots & C_N \\ C_1 & 0 & 0 & 0 & \cdots & 0 \\ C_2 & 0 & 0 & 0 & \cdots & 0 \\ C_3 & 0 & 0 & 0 & \cdots & 0 \\ \vdots & \vdots & \vdots & \vdots & 0 & \vdots \\ C_N & 0 & 0 & 0 & \cdots & 0 \end{bmatrix} \quad (5\text{-}3)$$

其中,C 表示城市,下标为公司序号。后续的各个单一维度网络都依照该公司对矩阵建立网络联系。

第二步,分别构建单一维度网络。首先,构建连锁董事网络。当同一个董事在两个及以上的公司任职时,这些公司之间就建立了以董事为纽带的联系,也就是说,多个公司由于共享董事建立起了董事网络(陈运森,2015;尹筑嘉等,2018)。根据两个公司当年是否出现共同的董事来判断公司间的网络链接,存在则设定值为 1,否则为 0。那么,所建立的连锁董事网络关系就构成了公司对矩阵 Φ_{CD}。此外,为防止重复测度,从而高估连锁董事网络,必须对董事重名现象进行甄别(陈运森,2015),本章使用董事编码识别董事身份。其次,构建企业供应链网络。参考史金艳等(2019),以及孙浦阳和刘伊黎(2020)的做法,根据企业的供应商信息进行逐步深入检索,建立企业供应链网络。当企业之间存在供应或者销售关系时,将公司对赋值为 1,否则为 0。那么,所建立的供应链网络关系就构成了公司对矩阵 Φ_{CS}。最后,构建交叉持股网络。上市公司之间交叉持股的现象较为常见,单个企业之间存在单向或者双向的持股联系,那么在整体企业层面就形成了交叉持股网络(沙浩伟和曾勇,2014)。当企业间存在持股关系时则将公司对赋值为 1,否则为 0。那么,所建立的交叉持股网络关系就构成了公司对矩阵 Φ_{CI}。

第三步,构建多维企业网络。本章将连锁董事网络矩阵 Φ_{CD}、供应链网络矩阵 Φ_{CS} 和交叉持股网络矩阵 Φ_{CI} 叠加为三维企业复杂网络 Φ_{CC},表达式如下:

$$\Phi_{CC} = \Phi_{CD} + \Phi_{CS} + \Phi_{CI} \quad (5\text{-}4)$$

2. 网络位置

基于理论分析,本章借鉴已有研究(沙浩伟和曾勇,2014;史金艳等,2019),同时采用企业网络中心性和结构洞两个指标来度量企业的网络位置特征。网络中心性的衡量指标主要有程度中心性、特征向量中心性、中介中心性和接近中心性(史金艳等,2019)。程度中心性(*degree*)用网络中与目标企业有直接联系的企业数目来衡量,数目越大,表明目标企业越处于网络的中心位置。进一步考虑与企业相连接的其他企业的程度中心性,测度所考察企业的中心性,即其他相连接的企业越靠近中心,那么所考察的企业的中心性也就越强,称为接近中心性($close$)。本章选择程度中心性反映企业的社会资本优势并用于基准估计,选择接近中心性用于稳健性检验。而网络中介中心性($between$)认为企业处于多个企业的连接路径上,那么该企业发挥了"桥"的作用,显然也具有较强的关系优势。鉴于部分学者使用中介中心性表示结构洞(史金艳等,2019),本章后续将其用于结构洞表示企业网络位置的回归分析中的稳健性检验。企业网络结构洞($hole$)的衡量指标主要包括有效规模、效率、限制度和等级度等(Burt,1992)。其中,对限制度指标的应用最为广泛,该指标数值越大,说明网络的闭合性越好,而结构洞越匮乏(沙浩伟和曾勇,2014)。由于限制度的最大值为1,研究中多使用1与限制度的差值逆向表示网络结构洞的丰富程度,即企业网络位置的关系优势。

(三) 吸收能力

早期的研究多沿袭科恩和利文索尔于1989年进行的研究,采用研发支出作为吸收能力的代理变量(钱锡红等,2010),而2019年,弗里德里希(Fredrich)等认为,研发强度能够更为准确地反映企业用于知识吸收和开发的相对数量。因此,本章选择了研发强度这一指标衡量企业的吸收能力,即使用企业的研发投入金额与营业收入的比重进行测度。

(四) 控制变量

参考已有研究中控制微观企业特征的做法(许浩然和荆新,2016;史金艳等,2019;孙浦阳和刘伊黎,2020),本章选择了如下控制变量:① 企业规模($rasset$),用公司年末资产总计表示;② 企业年龄(age),定义为企业在统计年份距离其上市日期的年限数加1;③ 负债率($debtr$),即负债合计与资产总计的比率;④ 资产回报率(roa),即净利润与资产总计的比率;⑤ 托宾Q值(q),即公司市值与资产总计的比值;⑥ 股权集中度($conequity$),用前五大股东持股占比来衡量;⑦ 经营效率(ope),即营业收入与资产总额的比率。

此外,为了考察区域和产权的异质性,根据企业注册地将区域分为东部、中部和西部三个区域;根据实际控制人性质识别产权性质,设定虚拟变量,国有企业表示为1,非国有企业表示为0。

三、数据处理

本章选择中国沪深 A 股市场制造业上市公司为研究样本,其中,董事网络数据和供应商数据来源于万得数据库,交叉持股数据及上市公司特征指标数据来源于国泰安数据库。自 2013 年起,中国证券监督管理委员会鼓励上市公司披露供应量前 5 名的供应商名称和采购金额、销售量前 5 名的客户名称和销售金额(史金艳等,2019)。根据数据的可得性,本章研究期间设定为 2013—2018 年,并且以 2013 年为基期,采用全国工业生产者出厂价格指数剔除价格因素。根据实证模型分析的指标选择,本章的模型分析所需数据的清洗和处理的具体步骤如下。

首先,根据《上市公司行业分类指引》(2012 年修订),本章选择行业两位数代码为 C13 到 C43 且仅在沪深 A 股市场上市的制造业公司,并且剔除 ST 股、*ST 股和 PT 股及所需指标缺失的样本,构建得到非平衡面板数据。一方面,这些数据用于企业生产率和吸收能力的测度;另一方面,根据模型设置,选择企业的部分特征值,构建控制变量集合。

其次,企业网络由连锁董事网络、供应链网络和交叉持股网络叠加得到。董事网络数据集的构造过程为:① 按年份从全行业董事数据集中筛选出制造业;② 生成副本数据集并根据董事编码匹配出公司对;③ 剔除同一个公司自身的匹配对;④ 由于不同的董事可能同时在两个公司任职,对于重复的公司对,只保留一个观测值。供应链网络数据集是从供应商数据里集中筛选出采购企业和供应企业都是制造业上市公司的子集。交叉持股网络数据集则是从交叉持股数据里集中筛选出持股企业和被持股企业都是制造业上市公司的子集。将董事网络数据集、供应链网络数据集和交叉持股网络数据集进行合并,对每年重复的公司对只保留一个,最终形成三网合一的企业网络数据集。

最后,将企业生产率、吸收能力和控制变量集合数据集与企业网络位置指标数据集按照统计年份和上市公司代码匹配合并,得到本章的经验估计数据集并在 Stata 软件中采用 Winsor 命令做 1% 水平缩尾处理,以消除极端值的影响。

此外,已有研究中主要使用 UCINET 和 PAJEK 两个社会网络分析软件计算位置指标(沙浩伟和曾勇,2014;尹筑嘉等,2018;史金艳等,2019)。而本章采用 R 语言中网络分析的 igraph 包完成了企业网络的构建和企业位置的测度。主要变量的描述性统计见表 5-1。

表 5-1　主要变量的描述性统计

变量	名称	N	$mean$	sd	min	max
tfp	生产率	7 337	1.216	1.388	0.142	9.391
absorb	吸收能力	7 337	0.043 6	0.034 4	0.000 609	0.212
degree	程度中心性	7 337	0.870	0.632	0	2.197
close	接近中心性	7 337	6.31e−06	4.73e−06	4.40e−07	1.53e−05
hole	结构洞	7 337	0.397	0.286	−0.006 94	0.833
between	中介中心性	7 337	7.897	1.812	0	10.52
rasset	固定资产	7 337	21.99	1.088	20.05	25.06
age	企业年龄	7 337	2.090	0.724	0.693	3.219
debtr	负债率	7 337	0.381	0.189	0.054 6	0.859
roa	资产回报率	7 337	0.045 2	0.052 7	−0.160	0.188
q	托宾 Q 值	7 337	2.122	1.255	0	7.531
conequity	股权集中度	7 337	53.78	14.18	20.99	85.21
ope	经营效率	7 337	0.625	0.340	0.128	2.095

第三节　基本估计分析

一、基本估计结果讨论

基于前述理论分析可知,企业网络位置优势来源于链接的社会资本和通路的关系控制两个方面。因此,本章的基准估计从反映企业间联系的紧密程度和体现企业间联系的稀疏情况两个方面做经验分析,结果见表 5-2。程度中心性衡量企业位置的回归结果表明,有利的企业位置显著促进了生产率提升。引入企业吸收能力后,不仅企业吸收能力的提升显著促进了生产率提升,而且企业位置的促进作用显著增强,这说明企业吸收能力产生了显著的调节效应。进一步引入企业位置与企业吸收能力的交互项,不仅企业位置和企业吸收能力的影响显著增强,而且交互项系数也显著为正,表明吸收能力对企业位置具有正向影响。但是结构洞衡量企业位置的回归结果有所不同,结构洞对企业生产率的影响并不显著。引入企业吸收能力之后,企业吸收能力的提升显著促进了生产率提升,但是结构洞的影响依然不显著。进一步引入结构洞与企业吸收能力的交互项,企业位置与吸收能力及交互项的系数表明,企业位置与吸收能力都显著促进了生产率提升。因此,从链接的社会资本和通路的关系控制两个方面测度企业位置的动态变化的回归结果表明,企业吸收能力作为调节变量,显著增强了程度中心性与结构洞对企业生产率的正向影响。这与解学梅和左蕾蕾(2013)的看法一致,即企业吸收能力有效调节了企业位置动态对企业绩效的影响。以上基本估计很好地验证了假说1a和假说2a。

表5-2 程度中心性和结构洞的估计结果

变量	程度中心性			结构洞		
	tfp	tfp	tfp	tfp	tfp	tfp
absorb	—	3.164***	5.331***	—	3.060***	4.765***
	—	(4.23)	(4.27)	—	(3.97)	(3.73)
degree	0.069**	0.073**	0.156***			
	(2.37)	(2.51)	(3.24)			
hole	—	—	—	0.039	0.049	0.201*
				(0.55)	(0.69)	(1.74)
交互项	—	—	2.150**	—	—	3.715*
	—	—	(2.16)	—	—	(1.67)
rasset	0.387***	0.379***	0.380***	0.390***	0.383***	0.384***
	(9.40)	(9.22)	(9.25)	(9.26)	(9.10)	(9.13)
age	−0.432***	−0.409***	−0.409***	−0.432***	−0.409***	−0.412***
	(−6.77)	(−6.40)	(−6.41)	(−6.59)	(−6.23)	(−6.27)
debtr	−0.146	−0.206	−0.208	−0.216	−0.282*	−0.286*
	(−1.02)	(−1.43)	(−1.45)	(−1.44)	(−1.88)	(−1.91)
roa	0.726**	0.544*	0.522	0.715**	0.544	0.525
	(2.22)	(1.65)	(1.58)	(2.15)	(1.62)	(1.57)
q	−0.010	−0.011	−0.012	−0.011	−0.012	−0.012
	(−0.83)	(−0.91)	(−1.00)	(−0.86)	(−0.96)	(−0.99)
conequity	−0.002	−0.002	−0.002	−0.003	−0.003	−0.003
	(−1.13)	(−1.06)	(−1.06)	(−1.23)	(−1.19)	(−1.20)
ope	1.807***	1.742***	1.750***	1.824***	1.762***	1.767***
	(21.38)	(20.34)	(20.42)	(21.23)	(20.22)	(20.27)
常数项	−7.298***	−6.964***	−6.902***	−7.399***	−7.081***	−7.027***
	(−8.66)	(−8.25)	(−8.18)	(−8.60)	(−8.21)	(−8.14)

续表

变量	程度中心性			结构洞		
	tfp	*tfp*	*tfp*	*tfp*	*tfp*	*tfp*
样本量	5 286	5 286	5 286	5 190	5 190	5 190
R^2	0.137	0.142	0.143	0.136	0.140	0.141
观测对象	1 606	1 606	1 606	1 587	1 587	1 587
模型选择	FE	FE	FE	FE	FE	FE

注:括号中为 t 统计量。

二、内生性讨论与稳健性检验

(一)内生性讨论

考虑到作为核心解释变量的企业网络位置与企业吸收能力可能存在内生性,即生产率更高的企业往往具有更高的技术水平、更多的资源和市场机会,强化了企业网络位置优势和吸收能力优势,即可能存在"反向因果关系"。借鉴已有研究中使用的变量时点法(Aghion 等,2016;邵宜航和李泽扬,2017)以检验基准估计是否存在反向因果关系,即在原有变量的基础上,将因变量和控制变量滞后一期,以判断未来一期的解释变量能否预测现期的因变量变化。在与基本估计保持相同的估计策略、控制变量集的情况下,企业网络位置和吸收能力对生产率的影响均不显著。因此,基本可以忽略本章核心解释变量的内生性对基准估计结果的干扰。

(二)稳健性检验

根据理论梳理和变量选择解释,参考已有研究(沙浩伟和曾勇,2014;史金艳等,2019),本章分别使用接近中心性和中介中心性替换对应的程度中心性和结构洞,采取与基准估计相同的变量引入策略,进一步做稳健性检验,结果见表5-3。

接近中心性衡量企业位置的分步估计结果与基准估计结果基本一致,再次验证了企业间联系的社会资本的增多能够显著促进企业生产率的提高,且企业吸收能力呈现显著的正向调节作用,因此,基准估计是稳健的。中介中心性测度企业位置的分步估计结果与结构洞基准估计结果存在一定差异,中介中心性的增强显著地促进了企业生产率的提高。引入企业吸收能力后,系数变大且显著;进一步引入二者交互项后,二者的系数显著变大,但是交互项并不显著。中介中心性的稳健性检验表明,企业吸收能力的调节效应依然是稳健的,但是交互项不稳健。

表 5-3 接近中心性和中介中心性的中介效应估计结果

变量	接近中心性			中介中心性		
	tfp	tfp	tfp	tfp	tfp	tfp
absorb	—	2.909*** (4.81)	4.415*** (6.36)	—	2.332*** (2.74)	4.563** (2.14)
close	8 123.116*** (3.18)	8 594.777*** (3.37)	18 767.025*** (5.45)	—	—	—
between	—	—	—	0.016** (1.99)	0.017** (2.02)	0.027** (2.18)
交互项	—	—	290 426.460*** (4.38)	—	—	0.284 (1.14)
rasset	0.329*** (9.69)	0.322*** (9.48)	0.328*** (9.68)	0.369*** (8.02)	0.364*** (7.90)	0.366*** (7.95)
age	-0.467*** (-7.90)	-0.454*** (-7.69)	-0.432*** (-7.30)	-0.440*** (-6.02)	-0.420*** (-5.72)	-0.420*** (-5.72)
debtr	-0.086 (-0.74)	-0.129 (-1.11)	-0.091 (-0.79)	-0.111 (-0.69)	-0.149 (-0.92)	-0.158 (-0.98)
roa	0.912*** (3.43)	0.727*** (2.71)	0.632** (2.36)	0.351 (0.95)	0.238 (0.64)	0.231 (0.62)
q	-0.021** (-2.08)	-0.021** (-2.10)	-0.024** (-2.36)	-0.014 (-1.01)	-0.016 (-1.13)	-0.017 (-1.18)
conequity	-0.003 (-1.60)	-0.003 (-1.64)	-0.003* (-1.78)	-0.003 (-1.24)	-0.003 (-1.24)	-0.003 (-1.25)
ope	1.715*** (25.47)	1.657*** (24.26)	1.683*** (24.60)	1.809*** (19.22)	1.764*** (18.48)	1.765*** (18.49)
常数项	-5.878*** (-8.18)	-5.548*** (-7.70)	-5.687*** (-7.90)	-6.810*** (-7.29)	-6.576*** (-7.02)	-6.539*** (-6.98)
样本量	7 108	7 108	7 108	4 330	4 330	4 330
R^2	0.136	0.140	0.143	0.136	0.138	0.139
观测对象	1 866	1 866	1 866	1 453	1 453	1 453
模型选择	FE	FE	FE	FE	FE	FE

注:括号中为 t 统计量。

从细分角度看,通过企业社会资本衡量的企业位置影响更为稳健,而通过企业关系控制衡量的企业位置影响的稳健性相对较弱。总体来说,企业吸收能力对企业位置影响企业生产率具有显著的正向调节效应。

第四节 异质性分析

一、产权异质性

考虑到不同产权性质的企业在经营过程中所依赖的优势不同(沙浩伟和曾勇,2014),本章依据上市公司实际控制人性质,判断是否国有控股,将企业分为国有控股公司、非国有控股公司两类,做产权异质性检验,结果见表5-4。

表5-4 产权异质性的程度中心性和结构洞的估计结果

变量	程度中心性		结构洞	
	国有控股 tfp	非国有控股 tfp	国有控股 tfp	非国有控股 tfp
absorb	8.519*** (3.18)	5.660*** (3.90)	7.444** (2.17)	5.049*** (3.63)
degree	−0.112 (−1.44)	0.198*** (3.28)	— —	— —
hole	— —	— —	−0.035 (−0.16)	0.293** (2.14)
交互项	2.158 (1.23)	2.746** (2.28)	1.730 (0.33)	5.338** (2.14)
rasset	0.310*** (4.15)	0.388*** (7.72)	0.327*** (4.31)	0.385*** (7.49)
age	−0.083 (−0.55)	−0.440*** (−6.04)	−0.122 (−0.77)	−0.431*** (−5.76)
debtr	0.536* (1.96)	−0.469*** (−2.75)	0.300 (1.05)	−0.503*** (−2.82)
roa	0.153 (0.27)	0.734* (1.82)	0.052 (0.09)	0.805* (1.95)
q	0.025 (1.04)	−0.027* (−1.84)	0.022 (0.88)	−0.025* (−1.72)
conequity	−0.000 (−0.02)	−0.003 (−1.03)	−0.001 (−0.36)	−0.003 (−0.97)

续表

变量	程度中心性		结构洞	
	国有控股 *tfp*	非国有控股 *tfp*	国有控股 *tfp*	非国有控股 *tfp*
ope	1.694*** (12.68)	1.795*** (16.04)	1.698*** (12.52)	1.852*** (16.04)
常数项	-6.739*** (-4.45)	-6.819*** (-6.51)	-6.941*** (-4.53)	-6.898*** (-6.45)
样本量	1 509	3 777	1 490	3 700
R^2	0.182	0.137	0.179	0.135
观测对象	391	1 238	389	1 221
模型选择	FE	FE	FE	FE

注:括号中为 t 统计量。

样本企业中,绝大部分是非国有控股企业。通过程度中心性和结构洞所测度的企业网络位置对企业生产率的影响在不同产权类型的企业中表现出显著的差异。虽然在国有控股企业中,企业吸收能力显著地正向促进了企业生产率,但是对企业位置的影响并不显著。相反,非国有控股公司的估计结果与基本估计结果相一致,这与沙浩伟和曾勇(2014)、王营和张光利(2018)的研究结论基本一致,即相对于国有控股公司,非国有控股公司的企业网络位置动态能够更为显著地影响企业的绩效。这基本验证了假说1b。

二、区域异质性

为了进一步考察公司所在区域的异质性的影响,本章根据企业注册地,将样本分为东部地区、中部地区和西部地区三组企业,进行分组回归,结果见表5-5。

表5-5 区域异质性的程度中心性和结构洞的估计结果

变量	程度中心性			结构洞		
	东部 *tfp*	中部 *tfp*	西部 *tfp*	东部 *tfp*	中部 *tfp*	西部 *tfp*
absorb	6.208*** (3.96)	3.034 (1.31)	3.664 (0.96)	6.298*** (4.14)	-2.099 (-0.76)	1.098 (0.25)
degree	0.121** (1.98)	0.257*** (2.81)	-0.172 (-1.28)	—	—	—
hole	—	—	—	0.195* (1.67)	0.356 (1.53)	-0.042 (-0.12)

续表

变量	程度中心性			结构洞		
	东部 *tfp*	中部 *tfp*	西部 *tfp*	东部 *tfp*	中部 *tfp*	西部 *tfp*
交互项	1.589* (1.68)	3.748** (2.03)	2.357 (0.73)	3.879* (1.74)	5.712 (1.17)	-2.957 (-0.37)
rasset	0.360*** (7.30)	0.311*** (3.41)	0.598*** (4.59)	0.358*** (7.08)	0.304*** (3.25)	0.651*** (4.96)
age	-0.392*** (-5.07)	-0.282** (-2.12)	-0.693*** (-3.31)	-0.388*** (-4.89)	-0.271** (-1.99)	-0.792*** (-3.63)
debtr	-0.295* (-1.69)	-0.008 (-0.03)	0.034 (0.08)	-0.326* (-1.80)	-0.130 (-0.40)	-0.174 (-0.37)
roa	0.982** (2.37)	-0.694 (-1.02)	-0.764 (-0.88)	1.028** (2.44)	-0.764 (-1.10)	-0.827 (-0.95)
q	-0.021 (-1.41)	-0.007 (-0.28)	0.031 (0.76)	-0.022 (-1.47)	-0.010 (-0.37)	0.047 (1.13)
conequity	-0.003 (-0.99)	0.001 (0.24)	-0.003 (-0.45)	-0.003 (-0.99)	0.000 (0.05)	-0.003 (-0.53)
ope	1.530*** (14.65)	1.960*** (10.53)	2.682*** (10.95)	1.543*** (14.47)	1.950*** (10.29)	2.736*** (11.13)
常数项	-6.193*** (-6.13)	-6.298*** (-3.35)	-11.950*** (-4.36)	-6.200*** (-6.00)	-6.148*** (-3.21)	-13.057*** (-4.72)
样本量	3 730	940	616	3 657	924	609
R^2	0.127	0.162	0.263	0.126	0.155	0.263
观测对象	1 155	269	182	1 139	266	182
模型选择	FE	FE	FE	FE	FE	FE

注:括号中为 *t* 统计量。

统计分析表明,样本中绝大部分企业处于东部地区。程度中心性和结构洞表示的企业网络位置对企业生产率的影响表现出一定的差异。东部地区的估计结果与总体估计相一致,企业吸收能力正向调节了企业网络位置对企业生产率的影响,且交互项也显著为正。中部地区的估计结果表明,反映企业社会资本优势的程度中心性的估计结果与基准估计相一致,而反映企业关系控制的结构洞估计结果都不显著。西部地区的企业网络位置分析结果都不显著。总体来看,企业网络位置影响企业生产率及企业吸收能力的调节效应中,主要是东部企业居于主导地位,其次是中部地区企业社会资本角度的联系具有显著影响。这基本验证了假说2b。

第六章 基于企业空间动态的产业集聚分析

为了在测度产业集聚程度的同时测度产业集聚的空间地理位置,本章融合基于产值和基于距离两类产业空间集聚测度方法,提出中心引力指数算法。基于企业层面微观数据,包括地理位置和产值等指标,本章应用引力模型测度经济集聚度,构造相对指标置信区间并设定绝对指标判定阈值,识别产业空间集聚程度及其地理空间分布特征,并且利用长三角地区 1998—2013 年的制造业企业数据,使用 R 语言对中心引力指数法进行计算和验证。结果表明,中心引力指数法能够准确测度产业的空间集聚分布特征及其动态变化。对于长三角地区制造业企业的实证分析发现,部分制造业企业朝三个方向转移,而其他产业进一步强化集聚。本章所提出的中心引力指数法,改进了现有产业空间集聚衡量方法,弥补了基于产值测度方法会忽视空间分布,而基于距离方法会导致产值权重应用不足且无法确定地理位置的缺陷;通过虚拟中心企业地理位置,为追踪产业转移地理路径提供了一个新的方法并为地区一体化研究提供微观数据分析的新思路。通过空间集聚指数和基于资源流动视角的企业更替指数,考察企业空间集聚对区域生产率的影响。

第一节 问题提出与理论分析

一、问题提出

促进经济增长和发展的政策措施的效果在很大程度上取决于经济活动在

地理上的空间集聚。长三角一体化、国家中心城市和户籍制度改革等国家战略规划决策意在进一步促进资源的集聚,形成经济增长的新动能。根据2018年各省区市的《国民经济与社会发展统计公报》,长三角地区(上海市、江苏省、浙江省、安徽省)在约35.91万平方公里的国土面积上,实现地区生产总值21.15万亿元,工业增加值8.83万亿元,常住人口2.25亿人,分别占全国的3.74%、23.49%、28.95%、16.15%。从国土面积占比与三项经济社会发展核心指标的全国占比形成的反差可以看出,长三角地区经济活动的空间集聚程度较高。总体来说,长三角地区经济空间集聚慢于人口空间集聚(闫东升和杨槿,2017);创新的空间集聚和溢出效应表现出明显的区域内部差异(王承云和孙飞翔,2017);在生产者服务业发展和密集的区域,高铁网络等对制造业的空间集聚产生了显著的正向促进作用(高传胜和刘志彪,2005;韦功鼎和李雪梅,2019)。此外,政府对经济的空间集聚起到了关键性的作用(胡晨光等,2011)。

国内关于地区经济空间集聚的测度大多是对传统方法的应用(王欢芳等,2018),也有研究文献是利用微观企业层面的数据并应用较为前沿的DO指数测度空间集聚特征(王庆喜和胡志学,2018),而对空间集聚方法本身缺乏更深入的探讨。已有的空间集聚衡量方法的发展脉络是怎么样的?有哪些优点和不足?能否设计一个新的衡量方法对已有方法进行有益的补充?为回答这些问题,本章聚焦于经济活动空间集聚衡量新方法的设计。本章接下来的内容安排如下:首先,梳理已有的空间集聚程度测算方法研究成果,从中发现已有方法的优点和不足,为新方法的提出奠定理论基础;其次,提出中心引力指数算法并给出详细算法设计步骤;再次,将中心引力指数算法应用在长三角地区的企业微观数据中,分析制造业集聚特征;最后,总体评价中心引力指数算法并进行研究展望。

二、理论分析

自马歇尔(Marshall)于1890年提出产业集聚的概念并解释其成因以来,对经济集聚程度的测度方法的研究与应用就成为经济集聚理论发展的核心组成部分之一。经济集聚测度方法研究的相关成果主要可以分为基于产业集群的离散空间测度法和基于点对距离的连续空间测度法两类,并且有学者对二者的融合做出了探索。总的来说,两类空间集聚程度测度方法共存于现有研究文献中。

(一) 基于产业集群的离散空间集聚指数

该类指数基本沿着马歇尔提出的外部性理论和规模收益递增理论来解释经济集聚,至关重要的经济集聚的空间特征被简化处理。假设空间由可识别的离散地理单元构成,基于产业集群视角,应用产值或者人口等数据构造集聚度指标,试图将空间维度作为经济变量引入主流分析框架。

早期的研究,由于公司的确切位置数据的获取受到限制,所有关于经济活动地理集中的研究都使用行政区域的汇总数据来测量空间集聚程度。这方面的研究有大量的文献,主要涉及区域比较,但公司或研究机构等经济行为主体的实际空间位置无从体现。这类指数以熵指数、赫芬达尔指数、空间基尼系数、泰勒指数、EG 指数等为代表,将经济活动空间按照国家或者行政管理区划等分为若干区域,评估经济活动的空间集中程度(Cutrini,2009)。其中,EG 指数与其他指标的不同之处在于通过构造产业集聚的三因素模型,考虑企业规模总体分布,对基础数据进行处理,然后计算出产业集聚新指标(Ellison 和 Glaeser,1997),对集聚的判断更为准确。该类指标的优点表现为:基于经济集聚的理论分析,将容易获取的宏观数据或区域经济总量指标应用于简单易懂的公式来估计经济集聚程度,计算量较小。因此,此类指标不仅在早期的实证研究中较为常见,而且在当前的研究中依然被广泛使用。

但是,该类指标忽略了空间因素的关键缺陷也是显而易见的。第一,忽略了空间因素。该类指标作为衡量经济活动空间集聚的指标却没有考虑地理距离的影响,而地理距离正是知识溢出的空间局限性来源(Arbia, 2001)。尽管技术进步和社会发展了,但是知识溢出仍然受到空间距离的限制。也正是因为简单化的处理,这些指标反映的是某个单元的产业集聚,而非真正意义上的空间集聚,同时,缺乏判断一个地区的专业化程度是否存在集群的阈值(Scholl 和 Brenner,2014)。这些指标被认为更多反映专业化的趋势,不能确定集群的空间维度,只能确定专业化程度较高的区域。第二,高估了集聚的作用。由于该类指标反映的是产值在较大的地理尺度上的相对集中,而产值与经济增长等发展指标具有显著的同向性,即具有较强的内生性,难以通过控制变量解决,因此会正向高估集聚程度及其对经济增长的影响。第三,集聚程度受限于区域划分。这类指标所确定的产业集聚程度取决于区域边界的主观划分,即区域边界的位置对观测水平有影响(Briant 等, 2010),产生所谓的可塑性面积单元(modifiable areal unit problem)问题,简称"MAUP"(Openshaw 和 Taylor,1979;Arbia,1989)。

理想情况下,应该在连续的空间中进行所有的数据分析,以避免主观的空间单元划分而产生的边界偏差(Duranton 和 Overman,2008)。有些研究假设离散测度的空间集聚程度不受区域排列的影响(Arbia,2001),尝试将离散测度与自相关测度相结合来限制 MAUP 的作用;有些研究试图通过整合空间集聚程度指数的自相关程度,在一定程度上纠正空间集聚程度结果(Guimarães 等,2011)。前一类研究试图寻找限制 MAUP 效应的方法,后一类研究遵循 MAUP 的要求,不做任何的空间分区,但都不是很成功(Marcon 和 Puech,2003)。因此,关注地理指标因素、发展新的空间集聚程度指数是非常有必要的。

(二)基于点对距离的连续空间集聚指数

直到克鲁格曼(Krugman)于 1991 年开创了新经济地理学(也称为空间经济学),强调经济活动不是均匀分布的,认为核心区域比外围区域具有更高的经济增长水平(Krugman,1991;Fujita 等,1999),空间因素才真正被纳入主流的经济学分析框架。基于点对距离的连续空间集聚测度方法假设空间是连续的非均匀状态,不可分割,基于地理空间距离描述经济活动在空间上不同单元的联合行为所体现出的整体分布特征,并且借助经典假设对该分布特征进行统计检验。

随着数据的收集和处理技术的进步,空间经济学的实证研究需要高效利用越来越容易获取的、翔实的微观数据的新工具。同时,为解决经济学家传统上使用的空间集聚衡量方法和指标存在的缺陷,地理位置信息成为构造衡量集聚程度新指标的重要数据来源。其中,基于距离的方法测量经济活动的空间集聚程度最为引人注意(Combes 等,2008)。基于距离的方法利用微观经济数据将每个企业视为地图上的一个点,并且借用所谓的点模式分析方法研究它们的空间分布(Diggle,2003)。最具有开创性的意义的是使用点对数据、基于距离测度聚类问题的 K 函数方法(Ripley,1976),其成为后来大部分基于距离衡量经济活动空间集聚指标设计的起点。但是,直到被称为 DO 指数的方法(Duranton 和 Overman,2005)提出,基于距离的经济活动空间集聚程度衡量方法才得到迅速推广。DO 指数开创性地提出了一种基于公司间距离分布的集聚度量方法,不依赖分区,提供关于所有尺度的集聚程度的信息。DO 指数很好地发展了 K 函数方法,将企业的地理位置信息纳入空间集聚的衡量研究中,应用核密度函数对经济活动的集聚程度做出估计和检验,成为后来同类研究的典范。邦内尔(Bonneu)和托马斯-阿尼昂(Thomas-Agnan)于 2015 年拓展了 DO 指数,提出了具有基准的累积指数版本,这个版本的指数被称为 BT 指数。马尔孔(Marcon)和普埃奇(Puech)于 2010 年借鉴了 DO 指数的研究,介绍了另一种基于 K 函数的累积密度函数估计的经济活动空间集聚测量方法,这种方法被称为 MP 指数方法,形成了对 DO 指数方法的一个补充。

上述指数研究利用微观数据,把企业看作是经济空间中无量纲的点。但在实际经济空间中观察到的点并非无量纲,企业的员工数量、产品、资本等方面具有不同的量纲特征。基于此,一些学者利用点过程理论工具,采用基于模型的方法,使用基于 K 函数加权版本的指数考虑企业的维数来评估集聚程度,发展出了被称为 EGA 指数的测度方法(Arbia 等,2014)。DO 指数、MP 指数和 EGA 指数都是受到了标记点过程理论的启发,但是只有 EGA 指数明确地将测量与一个确定的统计参数联系起来,可以不使用蒙特卡洛方法来进行虚拟检验(Bonneu 和 Thomas-Agnan,2015)。此外,受到波特的产业集群理论启发,肖勒(Scholl)和布伦纳(Brenner)于 2014 年使用公司级聚类指数检测空间聚类,进行区域研究,这种方法在计算和解释上都不同于现有的基于距离的度量,是识别没有预先确定边界的集群的一种方法,被称为 Cluster 指数法。

此外,还有部分研究成果从距离核算本身的角度,针对上述方法都是计算欧几里得直线距离而无法跨越自然屏障的缺陷,采用了规划距离对上述的一些方法进行了优化。关于距离的测算,有学者定义并研究了 Network-K 函数(Okabe 和 Yamada,2010),分析沿着街道网络测量的距离;也有学者考虑现实世界的地理位置,分析需要道路联结的街道和桥梁穿过的河流形成的路径(Yamada 和 Thill,2004)。点过程的数学性质通常依赖于欧几里得距离,因此,总的来说,还是欧几里得距离的计算方法运用较多。

基于距离的集聚程度衡量方法的优点是这种方法具有统计理论支撑,能够在全域空间上检测地区所发生的显著地理集中或分散的尺度。以 DO 指数为代表,基于空间距离的指数研究基本构造了统计检验,比传统的空间集聚程度测量方法更为稳健,成为当前基于距离的空间集聚衡量的评估方法的主流和前沿。与基于集群离散空间的衡量方法不同,基于距离的方法不以特定的方式对问题区域进行分区,而是考虑连续空间。与只在单一尺度上描述经济活动位置的测量方法不同,基于距离的方法可以在任意尺度上检测空间结构(Marcon 和 Puech,2010)。

然而,该类方法存在对企业异质性考察不足、置信区间设置较为随意、缺乏应用集聚程度的具体数值和具体集聚位置不明等缺陷。第一,基于点对的地理距离构建指数,理论上可以考虑对企业质量因素做加权处理,但是在实际应用中基本都是以未加权的地理距离进行评估。因此,该类方法未能体现企业异质性带来的空间距离影响差异。随着经济发展,交通和通信水平都在改善,经济联系越来越紧密,单纯的静态地理距离衡量的产业集聚程度却是变化不明显的。空间集聚的异质性还体现在从许多中小企业的高度集聚到几个大企业集聚,或者是一个大企业和许多中小企业集聚在一起,这种现象被称为企业集群和经济活动集群(Arbia 等,2014)。第二,置信区间的随机选择位置缺乏科学依据,因为每个行业的选址具有不同的真实要求,不同行业的位置并不是可以相互替代的,比如机械制造产业的选址要求与化工产业就明显不能相互替代。第三,除了 EGA 指数和 Cluster 指数方法,由于其他指标设定的评估方法非常理论化,加权计算会比较复杂并依赖函数检验和图形判断集聚情况,而对于集聚程度的具体数值却不重视(Duranton 和 Overman,2005),结果限制了将集聚程度作为一个重要的经济变量应用于更为广泛和深入的空间经济分析,特别是限制了空间计量的可能性。第四,由于考察仅指明在某个尺度上是否集聚的情况,而对真实的地理空间的集聚位置并未指明,显得模糊不清(Mori 和 Smith,2014;Scholl 和 Brenner,2015)。

此外,该类函数的思想很简单,但主要受限于计算量的约束。基于距离的方法基本都是数据密集型和计算机依赖型。数据虽然容易得到,但是算法过于细致,导致计算速度很慢,系统资源占用率很高。与基于集群的传统指数相比,正是数据密集和计算机依赖的特征限制了基于距离的方法的应用(Scholl 和 Brenner, 2015)。所有这些函数的计算及它们各自的置信区间估计非常耗时。计算时间与点数的平方(计算所有点对之间的距离)和零假设的虚拟次数成正比,内存需求与点数的平方成正比,计算中涉及的点的数量取决于函数(Marcon 和 Puech,2017)。最近的研究已经提出大数据集的处理的挑战(Scholl 和 Brenner, 2015)及如何处理数据的重要计算需求(Kosfeld 等,2011)。

(三)产业集聚和点对距离融合的探索

单纯地根据地理位置距离设计的集聚程度的指标更多反映的是空间集聚的地理尺度,而我们感兴趣的问题是空间经济活动的集聚程度及其地理位置。霍姆斯(Holmes)和史蒂文斯(Stevens)于2002年首次提出大型机构是否比小型机构更本地化的问题。实际上,每个公司都有许多经济质量特征(比如员工数量或资本)。另有学者利用企业选址概率模型对 EG 指数(Ellison and Glaeser Index)进行修正的研究是最早关于综合集聚和位置的尝试(Maurel 和 Sédillot,1999)。真正意义上综合权衡集聚和距离的研究是莫里(Mori)和史密斯(Smith)于 2014 年建立的一个集聚概率模型,此模型混合使用基于聚类的方法和基于距离的方法,识别产业集聚的空间尺度、空间位置和类型,为带状集聚提供了理论基础。而一些学者将企业按照规模表示成大小不同的圆圈,使用标准点过程方法识别企业集聚的位置、类型等(Kopczewska 等,2019)。上述关于产业集聚与地理位置融合的各类模型扩展具有极大的创新意义,但是囿于模型设计的复杂和计算量的庞大,限制了它们的应用与推广,基本没有这些方法被推广应用的研究文献。

(四) 对已有研究的述评

根据对上述两条研究线路的梳理和比较可以发现,两条研究路线存在较大的差异,各有优劣。第一条研究路线在按照主观划分的地理单元空间上,基于产值或者就业人数的集聚程度评估,主要是提供一个数值,更多体现的是专业化趋势,而非集聚程度,缺乏阈值以进行标准的统计检验并做出是否集聚的判断,同时,指数与产出等指标存在明显的共线性。第二条研究路线基于微观的地理数据,试图对全域做出判断并对集聚做出严苛的统计检验,反映的是空间集聚的地理尺度而非具体集聚位置。理论上可以综合考虑就业人员人数或者产出的加权,但是在实际应用中很少做加权处理,原因在于计算的复杂度呈现几何级别的增长。因此,研究大多是从整体分布角度描述集聚程度的分布,同时对于集聚程度指数的不重视也限制了计量分析的应用。综合考虑集群和距离等多种因素,融合企业多维信息的企业活动空间集聚衡量的新方法,符合中国区域发展的差异性和竞争性的实际,也是经济活动空间集聚指标研究的一个有价值的探索方向。

在回顾已有的空间集聚衡量研究方法的基础上,本章提出了基于引力模型的产业空间集聚衡量方法,定义为中心引力指数算法,即基于企业微观层面数据,综合考虑企业的地理位置和质量指标,构造相对置信区间做统计检验并设定绝对判断阈值,追踪产业空间集聚的地理位置动态。本章的主要创新之处在于将企业的分布看作是多维的立体空间,而不是二维的平面地图分布,考虑了多维分布的集聚问题;试图兼顾基于产值集聚程度衡量的简单易用和基于距离集聚程度衡量方法的统计检验要求;通过产业视角,基于企业的微观地理数据衡量集聚程度,能够对产业的空间集聚程度、空间分布特征及空间转移过程做出合理的判断和解释,确定产业集聚的空间地理位置。

第二节 产业集聚中心引力指数算法

牛顿引力模型被应用于人口分析(Ravenstein,1889),开创了将物理学与经济学结合的先河。而赖利(Reilly)零售引力法则的提出,标志着引力模型真正被应用于经济研究当中,被广泛用于研究空间相互作用,如国际贸易和区域经济领域(朱道才等,2008)。本章借鉴已有集聚指数的计算方法包括基于产业和基于距离两种研究路线,结合引力模型理论,提出衡量经济活动空间集聚的中心引力指数算法。

一、虚拟中心企业设定

中心企业的设定是中心引力指数算法的关键,也是确定产业空间集聚地理位置的关键。传统的空间集聚程度的测度方法是使用产值或者人口规模进行考察,缺乏对空间因素,尤其是对距离的考察。为了修正该缺陷,同时得益于数据获取分析技术的进步,基于距离的方法异军突起。关注地理空间的考察,理论上可以兼顾产值和人口等质量因素,但是现实应用却极其罕见,并且对集聚的真实地理空间位置语焉不详。为弥补上述两类方法的缺陷,融合产业集聚和地理距离的研究做出了有益探索,但是受限于公式复杂和计算量的庞大,实际应用较少。因此,综合已有研究成果,基于引力模型,同时考察多个因素,特别是解决集聚的地理位置问题,本章提出了中心引力指数算法,设定中心企业,为空间集聚的地理位置定位提供基础,弥补了 DO 指数等无法定位的缺陷。具体设定方法如下。

第一步,划定经济集聚核心企业集合。基于距离的经济聚集测度的核心是经济活动的集聚,其次才是空间分布问题。由于全域企业的分布规模大小不一,位置较为分散,因此,经济集聚核心企业集合的选择,更多侧重于经济活动的集聚,在考察地理距离因素时需要避免离群点极端值的影响。假设 Z 行业中有 N 家企业,企业的考察指标涵盖多个质量指标,统称为指标集合 X_i。按照经

济质量 X_i 指标集合对行业所有企业分别排序,分别取每个指标降序排列后中位数以上的企业,共同组成一个企业集合并剔除重复样本,最后形成一个包含 n 家企业的经济集聚核心企业集合 z。第二步,设定中心企业。此处的中心企业,不仅仅考虑地理位置的中心,还需要考虑经济活动的中心。因此,取经济集聚核心企业集合 z 的企业各项指标的中位数,作为一个虚拟中心企业的各项对应指标值,同时对各个企业的经纬度坐标取中位数,作为中心企业的地理位置坐标,记为 O 点,用 C_O 标记虚拟中心企业。

根据上述设定规则,中心企业的各项指标均值计算如下:

$$X_O = median(X_i) \tag{6-1}$$

二、引力模型介绍

(一) 两点之间简单引力模型

设有两个点,分别为点 1 和点 2,各自的质量(经济分析中可以用人口、产出和 GDP 等表示)分别为 m_1 和 m_2,两点之间的距离为 $d_{1,2}$(经济分析中可以是地理距离,也可以是其他具有空间性质的变量),则两点之间的引力为 $g_{1,2}$,公式表示如下:

$$g_{1,2} = \phi \frac{m_1 m_2}{d_{1,2}^2} \tag{6-2}$$

其中,ϕ 代表引力系数①。

(二) 两点之间单因素引力模型的一般形式

设有空间点的集合 P,共有 N 个点,任意两点 i 点和 j 点之间的引力为:

$$g_{i,j} = \phi \frac{m_i^\alpha m_j^\beta}{d_{i,j}^\gamma} \tag{6-3}$$

其中,α、β 和 γ 是大于 0 的常数。

(三) 两点之间多因素引力模型

在经济分析中,空间往往是由多点组成的,也往往同时考察多个因素的共同作用,因此,两点之间多因素引力模型变得更为复杂:

$$G_{i,j} = f(X_i, X_j, S_{i,j}) \tag{6-4}$$

其中,X 表示考察的因素的集合;S 表示两点之间的具有空间性质的向量。假设

---

① ϕ 在牛顿引力公式中是常数,但是在做经济分析时,在不同的分析情况下 ϕ 是变化的。

考察 k 个因素,那么两点之间的引力合计为:

$$G_{i,j} = \sum_{1}^{k} \phi \frac{m_{i,k}^{\alpha} m_{j,k}^{\beta}}{d_{i,j}^{\gamma}} \qquad (6-5)$$

三、中心引力指数估计及检验

(一)中心引力指数估计

对于有 N 个企业的行业 Z,企业与虚拟中心企业形成 N 个引力点对关系。一个企业与虚拟中心企业之间形成多因素引力点对关系,中心点对距离记为 $d_{O,i}$。所有因素的中心引力加总,得到该企业的中心引力总值 $G_{O,i}$:

$$G_{O,i} = \sum_{1}^{k} \phi \frac{m_{O,k}^{\alpha} m_{i,k}^{\beta}}{d_{O,i}^{\gamma}} \qquad (6-6)$$

行业中所有企业的中心引力加总为 G_Z。

$$G_Z = \sum_{j=1}^{N} G_{O,j} \qquad (6-7)$$

设定中心企业所在位置为圆心 O 点,距离 r 为半径,形成一个圆形区域,$r \in [\min(d_{O,i}), \max(d_{O,i})]$,其中半径 r 均匀地从圆心 O 点逐渐延伸到最远的企业距离 $\max(d_{O,i})$。该圆形区域内的企业组成经济集聚核心区企业集合,记为 Z_O,所有 n 个企业的中心引力值,记为 G_O:

$$G_O = \sum_{i=1}^{n} G_{O,i} \qquad (6-8)$$

行业 Z 的产业集聚程度记为 CR_Z,用经济集聚核心区 Z_O 中的企业中心引力总值 G_O 与行业 Z 中所有企业的中心引力总值 G_Z 的比值表示。

$$CR_Z = \frac{G_O}{G_Z} = \frac{\sum_{i=1}^{n} G_{O,i}}{\sum_{j=1}^{N} G_{O,j}} \qquad (6-9)$$

(二)经济集聚检验

产业是否集聚及集聚的空间分布特征等并不能简单地通过前述行业空间集聚程度指标的绝对值做出可靠的判断。借鉴已有的空间集聚测度的检验思路,需要设定一个科学的置信区间做统计检验,以及确定集聚判断阈值并作图分析。基于对产业集聚和分散的审慎判断,本章的检验分两步进行:第一步,根据前述经济核心区域面积和行业覆盖区域面积指标估计相对阈值指标,构造置信区间;第二步,提出空间集聚程度的绝对值标准作为判断阈值。检验的原则是:只有依次符合上述两步判断,才能确认集聚或者分散,具体方法如下。

第一步,关于相对值判断的置信区间设定。将核心区域面积记为 A_O;将行业 Z 覆盖的圆形区域面积记为 A_Z;二者的比值记为 μ_O。此处的 μ_O 为集聚与分散的基准值,如式(6-10)所示:

$$\mu_O = \frac{A_O}{A_Z} = \frac{\pi r^2}{\pi (\max d_{O,i})^2} = \frac{r^2}{(\max d_{O,i})^2} \quad (6\text{-}10)$$

产业集聚程度 CR_Z 与判断基准值 μ_O 的比较是产业集聚与否的基本相对判定标准。为满足审慎判断的需要,本章分别将 μ_O 放大 2 倍和缩小 1/2,形成置信区间的上限和下限,即置信区间设定为 $\left(\frac{1}{2}\mu_O, 2\mu_O\right)$。因此,对于产业空间集聚还是分散的判断标准如式(6-11)所示:

$$\begin{cases} CR_Z \geq 2\mu_O & \text{集聚} \\ \frac{1}{2}\mu_O < CR_Z < 2\mu_O & \text{不确定} \\ CR_Z \leq \frac{1}{2}\mu_O & \text{分散} \end{cases} \quad (6\text{-}11)$$

第二步,关于绝对值判断的阈值设定。对集聚与否的判定不等同于对集聚程度的判断,因此,需要对不同的集聚程度做出更为细致的判断,便于考察产业的集聚结构特征。本章采用一定的标准将集聚程度分为低度集聚、中度集聚和高度集聚三个等级。本章选定的标准是将 0.25 和 0.75 两个分位点作为三个等级划分的临界值。

$$\begin{cases} CR_Z \geq 0.75 & \text{高度集聚} \\ 0.25 < CR_Z < 0.75 & \text{中度集聚} \\ CR_Z \leq 0.25 & \text{低度集聚} \end{cases} \quad (6\text{-}12)$$

第三节 中心引力指数算法应用示例

一、数据整理

本章的中心引力指数算法应用示例,研究的空间范围为长三角地区的三省一市,即江苏省、浙江省、安徽省和上海市;研究的对象为制造业(两位数产业代码 SIC13 到 SIC43);数据来源于中国工业企业数据库(1998—2013)中制造业企业微观数据,其中 2010 年的企业质量指标基本缺失,故剔除。参考聂辉华等(2012)关于中国工业企业数据库的分析,根据长三角地区的企业微观数据的实际情况,选择资产总计大于 0、固定资产 1 000 万元以上、年销售额 500 万元以上、就业人数 30 人以上,且企业地址相对完整的制造业企业为研究样本。

数据的统计口径和两位数产业代码在 2002 年和 2012 年各发生过调整,因此整体数据存在匹配问题,需要进行行业大类名称匹配,而不是简单的代码匹配。数据匹配调整有三种基本方案:一是前向调整,以 1998 年统计口径为基准,将 2003 年之后的数据做前向调整。二是后向调整,以 2012 年的统计口径对之前的数据做相应调整。三是以 2002 年的统计口径为基准做前后向灵活调整。本章以合并数据为首选调整原则,兼顾指标的均衡处理,选择 2002 年的统计口径为基准做数据匹配处理。烟草制品行业(SIC16)和武器弹药行业(SIC39)属于特殊行业,故被排除在考察范围之外。

根据前述引力指数算法模型,选取企业地址、工业销售产值、固定资产和资产总计四个指标因素作为研究指标。企业的精准经纬度坐标值是将企业详细地址通过 R 语言的 RCurl 包对接高德地图的 API 接口获取的;而虚拟中心企业的地理位置根据经纬度坐标逆向处理。不同于现有大部分研究使用欧几里得距离,本章的点对距离应用航海上广泛运用的大圆距离兰伯特公式计算大地线长进行替代。本章的数据清洗、挖掘和计算是基于 R 语言 3.5.3 版本而完成的。

二、计算步骤

(一) 设定中心企业

将长三角地区看作一个整体的经济区域,在两位数代码行业层面进行分析。本章根据前述关于中心企业设定的指标的计算方法,按照工业销售产值(V_i)、资产总计(T_i)和固定资产(F_i)三个指标对行业内所有企业分别排序,分别取每个指标降序排列后大于中位数的企业,共同组成一个企业集合并剔除重复样本,最后形成一个包含 n 家企业的核心区域经济集聚企业集合 z。中心企业的各项指标由核心区域经济集聚企业集合 z 中企业的各项指标的中位数得到,即根据公式(6-1)计算。

(二) 计算中心点对的多因素引力

根据企业的经纬度,应用航海上大圆距离公式计算两点之间的球面距离。假设已知两点经纬度 $P_1(\varphi_1, \lambda_1)$ 和 $P_2(\varphi_2, \lambda_2)$,应用兰伯特公式计算大地线长:

$$d = a\sigma + \frac{ac}{4}\left[\frac{(3\sin\sigma - \sigma)(\sin\varphi_1 + \sin\varphi_2)^2}{1+\cos\sigma} - \frac{(3\sin\sigma + \sigma)(\sin\varphi_1 - \sin\varphi_2)^2}{1-\cos\sigma}\right]$$

(6-13)

其中,$\cos\sigma = \sin\varphi_1\sin\varphi_2 + \cos\varphi_1\cos\varphi_2\cos\Delta\lambda$;$a$、$c$ 为椭球的长半径和扁率;σ 为由地理经纬度求得的球面距离。本章使用 R 语言 geosphere 包中基于兰伯特公式的 Distm 函数估计点对距离。

根据前述中心引力指数算法的设计方法核算行业的空间集聚程度。关于引力模型中参数的设定,参考白俊红等(2017)的研究中关于引力模型参数设定的标准,引力系数 ϕ、引力因素参数 α 和 β 都设定为 1,γ 设定为 2。此外,如果企业的地址与中心企业相同,或者非常接近,导致距离极小,将该点对地理距离设定为 1 千米,以避免出现中心引力极端值对估测的干扰。

(三) 空间集聚程度与检验估计

根据前述算法设计思路,设定中心企业 C_o,将半径的起始距离设定为最近的企业距离 $[\min(d_{o,i})]$,然后逐渐增加距离,实行逐点统计,连续估计经济空间集聚程度并同步估计检验标准。为了避免极值的影响并深入结构化分析,本章将距离边界设定为全域企业距离的中位数,选择行业距离的中位数 $[\mathrm{median}(d_{o,i})]$ 为分界点,将距离小于 $\mathrm{median}(d_{o,i})$ 的企业组成考察企业集合,记为 Z_M,企业所在区域为考察区域,半径记为 R。已有的大多数基于距离的集聚指数的估计,对所有的行业设置固定考察距离,忽视了行业差异,导致其分布的地理范围具有不同的特征。因此,本章针对不同的行业,以中位数为标准,也就是对不同的行业选择了不同的考察距离,符合产业自身的特征。集聚程度记为 CR_Z,与公式(6-9)相似,是用中心区域的企业引力总值(G_O)除以局域企业集合的引力总值(G_M)得到的,如式(6-14)所示:

$$CR_Z = \frac{G_O}{G_M}$$

(6-14)

检验标准用中心区域的面积(记为 A_O)与考察面积(记为 A_M)相比得到,如式(6-15)所示:

$$\mu_O = \frac{A_O}{A_M} \qquad (6\text{-}15)$$

由式(6-10)可知,将式(6-15)简化后得到 $\mu_O = \frac{r^2}{R^2}$。

(四)作图检验分析

最直观的方式是按照前述阈值范围作图,按照公式(6-11)和公式(6-12)比较以判断经济活动是集聚的还是分散的,以及集聚的程度分类。绘图可以直观地判定产业集聚的空间尺度和集聚程度。绘图过程中,将集聚程度的原值带入,而阈值分别用上限和下限带入来构成置信区间。综上,对于产业集聚与否的判定标准具有绝对标准和相对标准两个方面的检验,只有同时满足两个判定才能对产业是集聚还是分散做出谨慎的断定。

三、典型行业案例

为了更好地理解中心引力指数算法及其结果的评价和应用,本章选取具有代表性特征的木材加工及竹藤棕草制品业(SIC20)作为案例,从时间上分析空间分布的变化。之所以选择该行业,是因为该行业属于传统的制造业,具有劳动密集和原料依赖特征,其随着经济的发展会具有明显的集聚和产业转移特征。

(一)产业全域分布与虚拟中心转移

考察产业(SIC20)在研究时间跨度中空间分布的变化(图6-1)。总体上看,该产业具有产业集聚程度逐渐提高和集聚空间转移两个显著特征。从图6-1(a)到图6-1(d)中可以看出,随着时间的推移,产业的集聚程度明显提高,表现为图中的黑点所代表的规模以上企业越来越密集。集聚空间转移的特征也非常显著,从黑点所形成的簇可以发现,1998年,产业主要集聚在环太湖地区,而到了2012年,产业主要集聚在宿迁地区。

由虚拟中心企业的位置转移,考察产业集聚的空间转移。产业集聚的虚拟中心企业作为衡量集聚的关键,其空间位置不仅是估计产业集聚程度的基础,而且是产业转移地理空间路径的关键标志。随着时间变化,产业发生转移,其集聚中心,也就是虚拟中心企业必然也会发生转移。而中心企业位置的转移正是代表了产业集聚在地理空间上的转移。应用前述数据处理技术,对所考察产业的四个年份的虚拟中心企业地理经纬度和具体地理位置求解。从对图6-1

中虚拟中心企业的地址(用"⊗"标记)的变迁进行分析后发现,产业(SIC20)先后从上海,到苏州,再到无锡,最后到宿迁的产业转移集聚路径,表明该劳动密集型兼具资源依赖型的传统产业从长三角的经济中心地带向外围转移。虚拟中心企业位置转移分析方法同样适用于对其他产业的转移路径的追踪分析。

产业(SIC20)转移的过程经历了从单中心集聚,到双中心集聚,再到单中心集聚的完整过程。在图6-1(a)和图6-1(b)中,产业在苏州、上海和杭州地区产生集聚;图6-1(c)表明,产业在向江苏北部转移并逐渐形成新集聚中心,而原来的产业集聚中心依然存在,此时形成了双中心集聚;图6-1(d)表明,最终,该产业在新的地区形成集聚,又回到了单中心集聚。集聚转移从单中心到双中心,再到单中心的过程,在中心引力指数算法的应用中也将得到验证,见图6-2(c)。

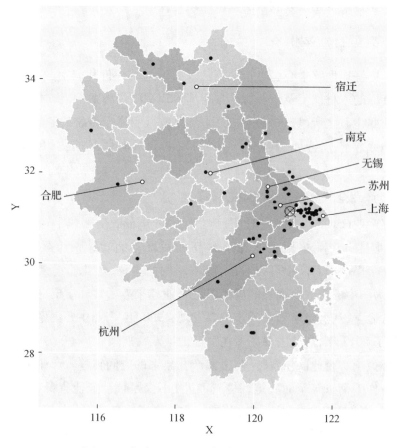

(a) 1998年产业(SIC20)全域分布及虚拟中心

图6-1 长三角产业(SIC20)全域分布与虚拟中心转移

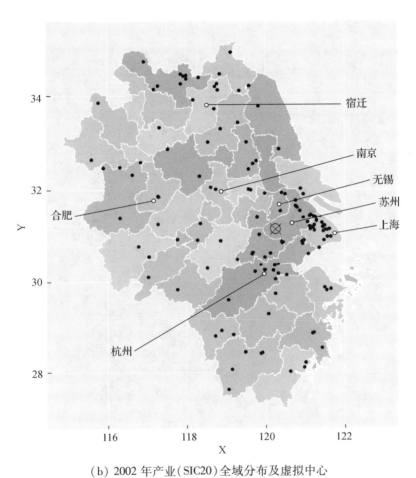

(b) 2002年产业(SIC20)全域分布及虚拟中心

图 6-1　长三角产业(SIC20)全域分布与虚拟中心转移(续)

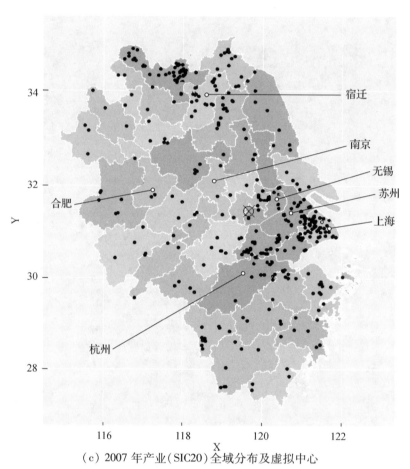

(c) 2007年产业(SIC20)全域分布及虚拟中心

图6-1 长三角产业(SIC20)全域分布与虚拟中心转移(续)

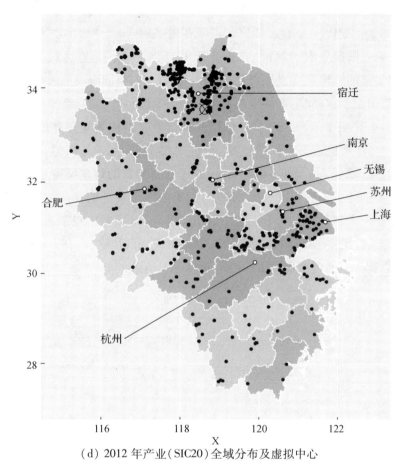

(d) 2012年产业(SIC20)全域分布及虚拟中心

图 6-1　长三角产业(SIC20)全域分布与虚拟中心转移(续)

地图来源:嵇正龙,宋宇.产业空间集聚中心引力指数算法的设计及应用:基于长三角一体化视角的企业微观数据验证[J].统计与信息论坛,2020,35(3):38-48.

(二)产业集聚程度与空间尺度变化

图6-2为木材加工及竹藤棕草制品业(SIC20)在四个年份中集聚的时间和空间变化,基本涵盖了中心引力指数算法所要研究的内容。图6-2中点线组合的粗线是产业集聚程度;两条虚线是根据面积比设定的置信区间,也就是相对判定标准,在上面的是上限,在下面的是下限;而0.25和0.75的横实线是绝对判断指标临界值,用以对集聚程度进行绝对值区间划分。遵从前述的判断标准,从图6-2的结果中可以发现,该产业在1998—2012年呈现逐渐集聚的特征,可以分为四个阶段:第一阶段见图6-2(a),该产业呈现低度集聚特征,空间分布尺度在20~25

千米;第二阶段见图6-2(b),该产业呈现中度集聚状态,集聚的空间尺度在70~80千米,相较于上一阶段,集聚的程度在提高的同时,集聚的空间尺度也在明显扩大;第三阶段见图6-2(c),该产业从80千米左右的地方达到了高度集聚阶段,空间集聚的地理尺度也扩大到了140千米左右;第四阶段见图6-2(d),集聚的空间范围缩小,空间集聚的地理尺度在20~90千米呈现高度集聚。

综合上述四个阶段,我们可以看到,该行业从低度集聚到高度集聚状态是一个地理分布范围逐渐扩大的过程[图6-2(a)到图6-2(c)],但是在转向高度集聚的时候[图6-2(c)到图6-2(d)],地理空间分布的地理尺度也呈现收缩特征,进一步强化了集聚。图6-2(c)中的集聚曲线出现了明显的两个弯折,分别在50~70千米和80~140千米两个空间尺度处,这表明出现了两个集聚中心。这一点与前述的图6-1(c)所表现的双中心集聚现象相吻合,有力地证明了中心引力指数算法在侦测产业的多中心集聚方面是有效的。

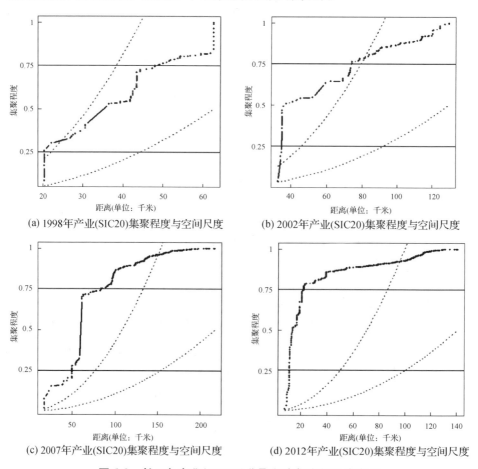

图6-2　长三角产业(SIC20)集聚程度与空间尺度变化

四、长三角地区产业集聚的总体特征

通过对长三角地区具有两位数产业代码的制造业逐个分析,数据和图形研究都表明该地区制造业表现出高度集聚的特征,并且绝大部分产业集聚都位于环太湖地区,只有少数的传统产业向外围转移。产业集聚主要向 3 个方向转移,比如前面的以木材加工及竹藤棕草制品业(SIC20)为代表的传统劳动密集型兼具资源依赖的产业在向长三角北部地区转移;食品加工业(SIC13)从苏州依次转移向常州、镇江和南京,即沿长江经济带向西转移;纺织业(SIC17)和皮革制造业(SIC19)从苏州、无锡和常州地区向湖州和嘉兴地区转移;而其他大部分产业继续在长三角核心地区强化集聚。在研究期间内,集聚的时间趋势较为明显,都是随着时间的推移,集聚程度呈现上升的趋势。即使发生了部分产业的转移,以苏州、上海和杭州为中心的长三角核心地区依然是制造业中心(图6-3)。产业不同,集聚的空间尺度存在差异,总体上集聚的空间分布地理尺度在 100 千米范围内。

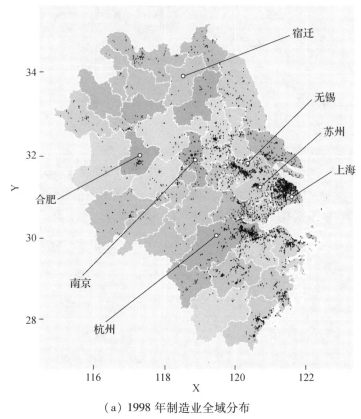

(a) 1998 年制造业全域分布

图 6-3　长三角地区制造业 1998 年与 2012 年制造业全域分布对比

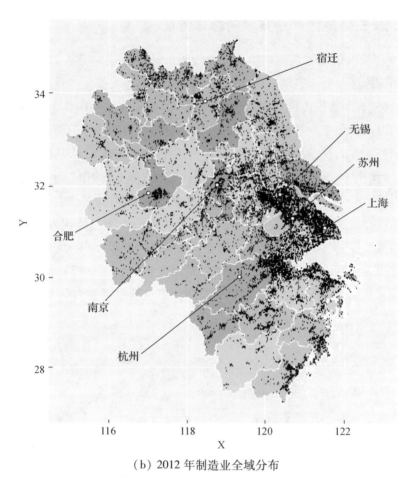

(b) 2012年制造业全域分布

图 6-3　长三角地区制造业 1998 年与 2012 年制造业全域分布对比（续）

地图来源：嵇正龙，宋宇.产业空间集聚中心引力指数算法的设计及应用：基于长三角一体化视角的企业微观数据验证[J].统计与信息论坛，2020，35(3)：38－48.

第七章 企业空间集聚动态、企业更替与区域生产率

企业在空间上的集聚是企业进入、退出的过程,也是高生产率企业进入和生产率相对低的企业退出所形成的持续更替过程。本章基于中国工业企业数据库的数据,通过构造基于企业微观信息的空间集聚指数和基于资源流动视角的企业更替指数,考察企业空间集聚对区域生产率的影响。

第一节 理论分析与研究假说

企业动态与经济增长理论认为企业的生产率及其市场表现和生存相关,在位企业的市场份额转移或企业进入和退出的过程中,生产率更高的企业获得了更高的市场份额,这成为推动产业总生产率变动的重要机制(Jovanovic,1982;Hopenhayn,1992;Aghion 等,2001;Melitz,2003)。空间集聚通过企业竞争优化了资源配置,进而促进企业全要素生产率提高(袁骏毅和乐嘉锦,2018)。杨汝岱和朱诗娥(2018)在研究产业政策和市场竞争影响企业退出行为,进而影响区域生产效率的演变时发现,在集聚程度高的产业中,只有生产率更高的企业才能生存下来。大城市企业的高生产率来源于集聚经济外部性与异质性企业内生选择等(赵曜和柯善咨,2017)。高效率的企业为了获得更高的市场份额,选择大市场地区,而低效率的企业为了逃避竞争,选择小市场地区,这使得地区间的生产率差异具有内生性(Baldwin 和 Okubo,2006;Forslid 和 Okubo,2014)。有学者认为优胜劣汰的选择效应表现为企业更替,同时也产生了在位企业提高生产率的激励效应,从而提高整体的生产率(Syverson,2011)。李俊青和苗二森

(2020)从资源错配视角探讨了企业进入、退出与生产率之间的动态微观机制。总的来说,空间集聚产生的拥挤效应、外部经济性和竞争性等综合作用会影响微观企业的进入和退出决策并表现为企业更替,企业更替是影响企业生产率水平的关键机制之一。由此,提出本章第一个研究假说,如下。

假说1:空间集聚能够显著影响企业更替水平,进而促进企业生产率提高,且空间集聚与企业更替的交互作用能够正向调节企业生产率水平。

理论研究通常认为产业集聚能够提高企业的全要素生产率并阐释了其机制和路径。但是,实证分析的结果与理论研究存在较大的分歧。部分学者认为产业集聚正向促进了地区企业生产率,存在显著的集聚效应(范剑勇等,2014;胡玫等,2015)。也有不少学者认为产业集聚负向抑制了生产率提高(桑瑞聪等,2017;韦曙林和欧梅,2017;张万里和魏玮,2018;杨仁发和张殷,2018)。但由于本地市场效应、价格指数效应、拥挤效应和选择效应等影响机制的综合作用,更多的学者认为产业集聚程度与生产率之间存在非线性关系,且由于关注的重点不同从而得到了不同的特征判断,如非线性的边际递增特征(蔡玉蓉和汪慧玲,2018)、门限效应(伍先福,2019)、倒"U"型关系(袁骏毅和乐嘉锦,2018)、先上升后下降再上升的"N"型特征(于斌斌等,2015)等。甚至对相同产业门类的考察也会出现截然相反的结论,如在研究高新技术产业专业化集聚时,王鹏和王伟铭(2017)认为集聚抑制了生产率,而刘雅娇和胡静波(2018)则认为集聚对生产率存在显著的正向效应。此外,赵曜和柯善咨(2017)认为,将多重效应的叠加影响都归因于集聚外部性,其实高估了集聚经济。由此,提出本章第二个研究假说,如下。

假说2:空间集聚和企业更替与生产率之间为非线性关系,且都呈现倒"U"型特征。

第二节 计量模型、变量与数据

由于省区市地方政府作为中国经济发展的直接负责单位,并且经济政策的制定和实施基本都是以省区市行政区划范围为地理单元,因此,本章从省区市层面构建面板数据模型进行相关分析。基于已有研究的文献梳理和理论分析,本章关注空间集聚影响企业生产率的企业更替机制并使用中国制造业企业微观数据寻找经验证据。

一、模型设置

企业更替作为空间集聚影响企业生产率的机制的第一个条件是空间集聚能够显著影响企业更替。由此,本章首先设置检验空间集聚与企业更替关系的模型1:

$$TRF_{at} = \alpha_0 + \alpha_1 ISA_{at} + AX_{at} + \eta_a + \mu_t + \varepsilon_t \tag{7-1}$$

其中,a 和 t 分别为地区和年份;TRF_{at} 为地区企业更替率;ISA_{at} 为产业空间集聚程度;A 为控制变量集的系数向量;X_{at} 为地区经济控制变量集合,包括地区企业整体微观特征和宏观经济特征两类;η_a、μ_t 和 ε_t 分别为地区固定效应、时间固定效应和随机误差项。根据理论假说,产业空间集聚程度的系数 α_1 需要显著为正。

企业更替作为空间集聚影响企业生产率的机制的第二个条件是引入了企业更替之后,空间集聚对企业生产率的影响系数发生改变,且依然显著。基于假说检验逻辑,本章采取分步引入变量的策略,首先估计空间集聚与企业生产率的系数,然后引入企业更替再次估计,根据空间集聚系数的前后变化做出判断。为了进一步检验空间集聚和企业更替对企业生产率的非线性影响,以及企业更替的调节效应,引入了空间集聚和企业更替的二次项,及其交互项。基本模型2设定如下:

$$TFP_{at} = \beta_0 + \beta_1 ISA_{at} + \beta_2 ISA_{at}^2 + \beta_3 TRF_{at} + \beta_4 TRF_{at}^2 + \beta_5 (ISA_{at} \times TRF_{at}) + BX_{at} + \eta_a + \mu_t + \varepsilon_t \tag{7-2}$$

其中,TFP_{at} 为地区生产率;为考察企业空间集聚程度对企业更替的非线性影响,引入产业空间集聚程度的二次项 ISA_{at}^2 和地区企业更替率的二次项 TRF_{at}^2;为考察企业更替的调节效应,引入产业空间集聚程度与地区企业更替率的交互项 $ISA_{at} \times TRF_{at}$;B 为控制变量集的系数向量。根据研究假说,引入企业更替变量后,空间集聚的系数 β_1 应变小且显著。

二、变量选择

(一) 地区生产率

企业全要素生产率分别采用 OP 法(Olley 和 Pakes,1996)和 OLS 法得到,具体方法参见第三章"理论分析与研究假说"中"核心指标特征"部分的内容。OP 法的估计结果用于基准回归,OLS 法的估计结果用于稳健性检验。本章基本模

型的被解释变量为地区生产率,由地区的企业生产率用企业工业销售产值进行加权估计而得到,具体公式如下:

$$TFP_{at} = \sum_{i=1}^{N} \theta_{it}\rho_{it} \qquad (7-3)$$

其中,θ_{it}表示 t 年份第 i 家企业工业销售产值在 a 地区所占的份额;ρ_{it}表示 t 年份第 i 家企业的生产率。

(二) 空间集聚程度

传统的对产业集聚程度的测度方法主要有区位熵指数、空间基尼系数、赫芬达尔指数和 EG 指数等方法,对于空间距离因素考虑不足,更多反映的是专业化集聚特征。而较为前沿的基于空间距离的 DO 指数等方法又对反映企业异质性的经济特征指标考虑不足,更多反映的是空间分布特征,且由于受计算量的制约,很少被应用于计量模型实证。应用经纬度数据变异系数构建空间集聚指标的尝试(邵宜航和李泽扬,2017)具有很好的示范意义,但是其只关注经纬度本身的变异性,对于集聚的经济意义反映不足。针对已有研究的方法指标不能综合反映企业的空间距离和经济指标特征的缺陷,本章改进了嵇正龙和宋宇(2020)融合企业的空间距离因素和异质性企业经济特征值指标因素的企业空间集聚引力指数法,构建指标测度企业空间集聚程度。企业空间集聚中心引力指数估计分为虚拟中心企业设定、企业点对引力指数值估计和企业空间集聚指数估计三步进行。

1. 设定虚拟中心企业

设 t 年份 a 地区有 N 家企业。第 i 家企业的第 j 个经济特征值指标为 x_{itj},则 i 企业的 j 个经济特征指标构成的指标集合为 $x_{it} = c(x_{it1}, x_{it2}, x_{it3}, \cdots, x_{itj})$。$a$ 地区 N 家企业的经济特征值指标集合 X_{it} 中的同类指标分别按降序排列,并且取其中位数,构建出虚拟中心企业 C_{ot} 的特征值指标集合 $x_{ot} = c(x_{ot1}, x_{ot2}, x_{ot3}, \cdots, x_{otj})$。本章所考察的企业异质性特征值包括传统产业集聚指标估计常用的反映经济活动的企业工业总产值、资产总值和就业人数等指标,还包括反映企业地理位置的经纬度坐标值。

2. 估计企业点对引力指数值

a 地区 N 家企业与虚拟中心企业 C_{ot} 形成了 N 个引力点对关系。那么,t 年份第 i 家企业与中心企业 C_{ot} 的地理距离记为 d_{oit}。估计 t 年份第 i 家企业的第 j 个经济特征指标的中心引力指数值为 G_{aitj}:

$$G_{aitj} = \varphi \frac{x_{otj}^{\alpha} x_{aitj}^{\beta}}{d_{oit}^{\gamma}} \tag{7-4}$$

设中心企业 C_{ot} 所在位置为圆心 O 点,圆形的半径 r_{ot} 为所有企业的中心点对距离的中位数, $r_{ot} = median(d_{oit})$。该圆形区域为经济集聚核心区 q ,包含 n 家企业,与中心企业形成 n 个点对关系。那么, t 年份第 k 家企业与中心企业 C_{ot} 的地理距离记为 d_{okt} ,满足 $d_{okt} \leq r_{ot}$ 。 φ 为引力系数。根据第二步中的区域企业中心引力指数值估计方法,同理可得经济集聚核心区的 t 年份第 k 家企业的第 j 个经济特征因素的中心引力指数值 G_{qktj} :

$$G_{qktj} = \varphi \frac{x_{otj}^{\alpha} x_{qktj}^{\beta}}{d_{okt}^{\gamma}} \tag{7-5}$$

3. 估计企业空间集聚引力指数

只考虑 j 特征值指标的单因素产业空间集聚引力指数值为 ISA_{atj} :

$$ISA_{atj} = \frac{\sum_{k=1}^{n} G_{qktj}}{\sum_{i=1}^{N} G_{aitj}} \tag{7-6}$$

综合考虑 l 个特征值指标的多因素产业集聚的引力指数值 ISA_{at} ,它由 l 个 ISA_{atj} 加总后求均值得到。

$$ISA_{at} = \frac{\sum_{j=1}^{l} ISA_{atj}}{l} \tag{7-7}$$

在实证估计过程中,需要对产业空间集聚引力指数模型的几个参数做出约定说明:① 参考白俊红等(2017)关于引力模型参数设定的标准,引力系数 φ 、引力因素参数 α 和 β 设定为1, γ 设定为2;② 参考嵇正龙和宋宇(2020)的估计方法,根据企业的经纬度,计算企业点对距离 d_{oit} ;③ 为避免企业地址与虚拟中心企业地址非常接近,即点对距离极小导致出现企业中心引力极端值,从而干扰模型估计结果,本章设定企业点对距离下限 d_{oit} 为1千米,即当 $d_{oit}<1$ 时,赋值为1。

(三) 企业更替率

企业更替是产业中企业进入、存活和退出的动态变化,反映了产业中资源的流动与重新配置。大部分文献在测度企业动态时采用企业进入或者退出的数量估计进入率或者退出率(李坤望和蒋为,2015;杨汝岱和朱诗娥,2018)。由于企业的异质性,单纯从企业数量的变更角度不足以准确测度企业更替所蕴含的资源流动配置的意义。朱克朋和樊士德(2013)使用变动的市场份额来测度企业更替,其中,市场份额用企业主营业务销售额占整个行业的比重来衡量。具体算法如下:企业更替率等于进入企业所占据的市场份额与存活企业中市场份额增长的企业所增长的市场份额之和,或者等于退出企业失去的市场份额与存活企业中市场份额减少的企业所减少的市场份额之和;为了弥补统计数据的缺失,最终采用企业进入和企业退出两种方法计算的企业更替率的平均值来测度企业更替。本章综合上述已有研究,采用进入企业和退出企业的工业销售总产值占整个地区比重的均值测度企业更替率 TRF_{at}:

$$TRF_{at} = \frac{(\sum_{i \in E} PR_{it} + \sum_{i \in X} PR_{it})}{2} \Big/ \sum_{i \in (E,S,X)} PR_{it} \quad (7-8)$$

其中,E、X、S 分别表示进入企业、退出企业、存活企业集合;PR_{it} 为 t 年份第 i 家企业的工业销售总产值。

(四)控制变量

为了提高模型估计的可靠性,借鉴相关文献(毛其淋和许家云,2015;李贲和吴利华,2018)的做法,本章选择制造业微观企业特征和地区宏观经济特征两类控制变量。

模型中地区制造业微观特征控制变量都是在企业特征变量的基础上,应用企业销售产值作为权重加权平均得到,类似于地区生产率的估计方法。具体微观企业特征指标如下:① 企业规模($size$),用资产总计来衡量,反映企业抵御风险和投资的能力。② 企业年龄(age),计算统计年份减去企业成立年份而得到,可以反映企业的持续经营能力。③ 企业资本密集程度(fci),用企业固定资产除以就业人数的比值来衡量,可以反映企业的设备更新和研发投入水平。

宏观经济指标反映企业经营所处的外部经营环境,能够影响生产率水平。具体地区宏观经济特征指标如下:① 经济增长,有利于提升企业盈利能力,企业从而有能力开展研发和技术创新活动,促进生产率提高,本章选择人均 GDP 指标($rgdp$)来衡量。② 地区创新水平(ril),地区创新水平可以用研发活动的投入量(投资额和研究人员投入等)或者产出量(专利申请量和新产品销售收入等)等变量来衡量,本章用当年地区专利申请受理数量来衡量。③ 对外开放水平(tie),地区的技术创新活动和效率与其开放程度密切相关。地区的开放程度越高,越有利于企业接受外部知识溢出并高效吸收,促进各种创新要素的集聚从而提高创新绩效。本章用进出口贸易总额作为衡量对外开放程度的核算指标。④ 交通运输发展水平(act),一个地区的交通运输发展水平直接影响企业的经营效率,本章用货物周转量来衡量。

三、数据处理

企业微观数据来源于中国工业企业微观数据库,主要变量有工业总产值、工业销售总产值、就业人数、资产总值、固定资产、折旧等。参考相关文献的中国工业企业数据清洗方法(毛其淋和许家云,2015;陈诗一和陈登科,2017;嵇正龙和宋宇,2020),对样本数据主要做如下处理:① 选择制造业企业;② 删除1949 年之前成立的企业样本;③ 样本企业的工业生产总产值、工业销售总产值、资产总计、固定资产和应付工资等都大于0;④ 样本企业的就业人数不少于8 人;⑤ 通过 R 语言的 RCurl 包对接高德地图的 API 接口,利用企业详细地址获取对应的经纬度坐标值,用于估计企业间的点对距离。此外,缺失数据补齐和企业状态识别,参见第三章数据说明部分的中国工业企业数据清洗方法。

区域宏观经济特征值指标数据来源于国研网宏观经济数据库。样本数据以1998 年为基期并应用工业生产者出厂价格指数、固定资产投资价格指数,剔除相应指标的价格因素。本章实证分析所使用的主要变量描述性统计结果见表7-1。

表 7-1 主要变量的描述性统计结果

变量	名称	N	$mean$	sd	min	max
$OPtfp$	OP 法生产率	489	7.082	0.532	5.280	8.290
$tfpols$	OLS 法生产率	489	5.949	0.642	3.964	7.469
isa	空间集聚程度	489	0.971	0.033	0.852	1.000
trf	企业更替率	489	0.163	0.096	0.008	0.500
$size$	企业规模	489	14.80	0.956	10.34	17.74
age	企业年龄	489	2.658	0.305	1.776	3.475
fci	企业资本密集度	489	5.983	1.076	4.462	12.13
$rgdp$	地区人均产出	489	9.548	0.730	7.768	11.27
ril	地区创新水平	489	8.665	1.757	2.303	13.13
tie	地区开放水平	489	13.81	1.882	9.147	18.26
act	地区交通条件	489	7.222	1.295	2.067	9.922

第三节 基本估计分析

一、基本估计结果讨论

本章采用核心变量回归和引入控制变量的两步策略,应用方程(7-1)检验空间集聚对企业更替的影响,结果见表7-2中的估计1和估计2。结果表明,空间集聚显著正向影响企业更替,且在引入控制变量后,虽然系数变小,但依然显著。因此,企业更替是空间集聚影响企业生产率的机制变量的第一个条件成立。

为进一步考察空间集聚和企业更替影响地区生产率的情况,且关注企业更替机制问题,同样采取逐步加入变量的策略,应用方程(7-2)展开分析,得到的估计结果见表7-2中的估计3、估计4和估计5。估计3的结果表明,空间集聚及其二次项系数皆显著,前者为正,后者为负,说明空间集聚与地区生产率之间呈现先促进、后抑制的倒"U"型关系,这与袁骏毅和乐嘉锦(2018)的研究一致。究其原因,在空间集聚程度逐渐上升的过程中,企业受益于集聚的经济性,而随着集聚程度超过最佳的临界值,集聚的拥挤效应超过了经济性,不利于企业生产率的提高。估计4的结果表明,企业更替及其二次项系数也都显著,且前者为正,后者为负,表明企业更替与企业生产率之间同样存在先促进、后抑制的倒"U"型关系。企业更替是资源优化重置的过程,过高水平的更替不利于企业生产率提高。由此可见,估计3和估计4的结果验证了假说2。

同时,考虑空间集聚和企业更替并引入控制变量的方程(7-2),得到估计5。结果表明,空间集聚对企业生产率的影响系数显著变小,结合理论分析和估计5的估计结果,本章认为企业更替是空间集聚影响企业生产率的重要机制,很好地验证了假说1。进一步分析发现,估计5结果中的主要变量所表现出的特征与估计3和估计4所得到的判断一致,再次验证了假说2。

总体来看,基本估计的结果很好地验证了本章理论分析部分提出的假说1和假说2。进一步从理论层面看,空间经济理论强调集聚外部性能够显著影响生产率,而新熊彼特增长理论(Aghion等,1992;2016)强调企业进入和退出的

"创造性破坏"机制有助于创新产出和企业生产率改进。本章的实证分析为两大理论提供了中国经验的微观证据。

表7-2 基本模型估计结果

变量	估计1 trf	估计2 trf	估计3 OPtfp	估计4 OPtfp	估计5 OPtfp
isa	0.237** (2.52)	0.124* (1.78)	182.658*** (3.93)	—	12.241** (2.23)
isa^2	—	—	-98.045*** (-4.01)	—	-6.560* (-1.81)
trf	—	—	—	1.164** (2.10)	4.947* (1.84)
trf^2	—	—	—	-2.262** (-2.12)	-1.699* (-1.66)
$isa \times trf$	—	—	—	—	5.945* (1.67)
$size$	—	0.011** (2.02)	—	—	-0.038** (-1.99)
age	—	-0.044** (-2.14)	—	—	-0.014 (-0.19)
fci	—	-0.004 (-0.90)	—	—	0.091*** (5.67)
$rgdp$	—	-0.019 (-0.56)	—	—	0.480*** (4.28)
ril	—	0.001 (0.16)	—	—	-0.039* (-1.77)
tie	—	-0.008 (-0.64)	—	—	0.194*** (4.44)
act	—	-0.007* (-1.80)	—	—	-0.100*** (-2.97)
常数项	-0.189** (-2.03)	0.214 (0.56)	-77.732*** (-3.53)	6.307*** (139.14)	-4.997** (-2.11)
模型选择	RE	FE	FE	FE	FE
地区效应	NO	YES	YES	YES	YES
时间效应	YES	YES	NO	YES	YES
R^2	0.624	0.631	0.049	0.804	0.842
观测值	489	489	489	489	489

注:括号中为 t 统计量。

二、内生性讨论与稳健性检验

(一) 内生性讨论

考虑到作为核心解释变量的空间集聚与企业更替可能存在内生性,即企业生产率更高的地区往往具有更高的技术水平、更多的资源和市场机会,企业更倾向于在该区域集聚,也加剧了企业的更替,也就是可能存在"反向因果关系"。本章采用与第五章相同的内生性检验方法。具体做法如下:保持解释变量不变,将被解释变量和控制变量滞后一期,以判断未来一期的解释变量能否预测现期的被解释变量变化。表 7-3 中采用变量时点法得到的估计 9 的结果表明,在与基本估计保持相同的估计策略、控制变量集、地区效应和时间效应设置的情况下,空间集聚及其二次项、企业更替及其二次项,以及空间集聚与企业更替的交互项的系数均不显著。因此,基本可以认为企业生产率与空间集聚和企业更替之间不存在显著的反向因果关系,可以忽略本章核心解释变量的内生性对基准估计结果的干扰。

(二) 稳健性检验

本章采用 OLS 法估计的企业生产率替换 OP 法估计的生产率作为模型的被解释变量,以同样的模型设置和回归步骤进行实证计算,做稳健性检验。估计 6、估计 7 和估计 8 的结果表明,空间集聚和企业更替及其交互项对生产率的影响系数属性和特征状态与基准估计基本一致,表明基准估计的结果较为稳健,也再一次验证了理论假说 1 和假说 2。

表 7-3 稳健性检验和反向因果关系估计结果

变量	估计 6	估计 7	估计 8	变量	估计 9
	$tfpols$	$tfpols$	$tfpols$		$OPtfp$ 滞后一期
isa	236.455*** (4.33)	—	26.965* (1.71)	isa	22.017 (1.07)
isa^2	-127.291*** (-4.42)	—	-14.573* (-1.75)	isa^2	-11.235 (-1.03)
trf	—	1.636*** (3.12)	0.966** (2.36)	trf	-3.294 (-0.91)
trf^2	—	-2.779*** (-2.75)	-1.506* (-1.91)	trf^2	0.124 (0.11)

续表

变量	估计6 tfpols	估计7 tfpols	估计8 tfpols	变量	估计9 OPtfp 滞后一期
$isa \times trf$	—	—	1.947* (1.71)	$isa \times trf$	3.356 (0.90)
$size$	—	—	0.115*** (7.85)	$size$ 滞后一期	-0.059*** (-2.78)
age	—	—	-0.073 (-1.36)	age 滞后一期	0.003 (0.04)
fci	—	—	0.111*** (8.97)	fci 滞后一期	0.091*** (5.50)
$rgdp$	—	—	0.616*** (7.10)	$rgdp$ 滞后一期	0.573*** (4.80)
ril	—	—	-0.038** (-2.20)	ril 滞后一期	-0.039* (-1.76)
tie	—	—	0.236*** (7.00)	tie 滞后一期	0.218*** (4.65)
act	—	—	-0.102*** (-3.91)	act 滞后一期	0.098*** (-2.80)
常数项	-103.495*** (-4.00)	5.028*** (117.28)	-16.845** (-2.24)	常数项	-10.928 (-1.11)
模型选择	FE	FE	FE	模型选择	FE
地区效应	YES	YES	YES	地区效应	YES
时间效应	NO	YES	YES	时间效应	YES
R^2	0.064	0.876	0.933	R^2	0.844
观测值	489	489	489	观测值	456

注:括号中为 t 统计量。

第四节 异质性分析

企业更替既是空间集聚动态的表现,也是空间集聚影响经济增长和生产率的基本动态机制之一。为进一步从细分层面讨论空间集聚影响企业生产率的企业更替机制,本章从时期和区域两个异质性角度,采用了与基准估计相一致的策略做实证分析。限于篇幅,此部分仅报告关键变量的估计结果和检验统计量。

一、时期异质性

在样本研究期内,中国加入世界贸易组织(WTO)和国际金融危机是两个重要的时间节点,对于企业的更替具有重要影响。2001年年底,中国宣布加入WTO,进一步放宽了外资企业准入条件,加剧了市场竞争,冲击了中国企业的更替水平。而2008年发生的世界性金融危机直接导致了外向型企业及其相关产业链受到冲击,无疑也加剧了企业更替。由此,本章将观测样本分为1998—2001年、2002—2007年和2008—2013年3个时期,考察空间集聚通过企业更替机制影响生产率的时期差异。

分时段的回归结果见表7-4中的第1~3列。分析发现:① 在加入世界贸易组织之前,中国的企业集聚并不能促进生产率的上升,相反抑制了生产率。而企业更替与生产率之间呈现倒"U"型特征,且企业更替与空间集聚的交互项显著促进了企业生产率提高。② 对在加入世界贸易组织之后的两个时期的估计结果与基准估计基本一致。但是金融危机之后,企业空间集聚对企业生产率的影响显著增强,而企业更替的影响却相对减弱,但是企业更替依然是空间集聚促进生产率提高的重要渠道之一。总体来说,中国加入世界贸易组织之后,经济的空间集聚特征越来越显著,作为经济资源配置主体的企业,其更替加剧,企业更替成为影响企业生产率提高的重要机制之一。

二、区域异质性

根据国家统计局的东部地区、中部地区、西部地区和东北地区的统计口径,本章将样本数据根据企业所在省区市分为四组,采用与基准估计一致的估计策略,检验空间集聚通过企业更替影响企业生产率的空间差异特征。

区域异质性分析的回归结果见表7-4中的第5~8列。结果表明:① 东部地区的空间集聚与企业更替及二者交互项对企业生产率的影响效应表现出与全样本的基本模型估计一致的特征,且系数显著变大,说明东部地区的空间集聚经济性更强,且企业更替机制更为重要。② 中部、西部和东北地区的样本分析结果与基本估计有显著不同。中部地区的空间集聚与企业生产率仅表现为显著正相关,二次项系数不显著;西部地区的空间集聚及其二次项与企业生产率都显著正相关,但是企业更替的影响并不显著;东北地区的空间集聚及其二次项系数与企业生产率之间呈现倒"U"型关系,而企业更替及其二次项,以及与空间集聚的交互项等都显著正向促进企业生产率的提高。通过区域间检验结果的对比分析,可以看出:东部地区市场发展水平领先,且其空间集聚特征显著,并且企业更替是影响企业生产率的重要机制;中、西部地区和东北地区的企业空间集聚都显著促进了企业生产率上升,且其与企业更替的交互影响显著为正。

总的来看,企业空间集聚与企业更替及其交互项对企业生产率的影响在时间上和空间上表现出显著的差异。中国从更加开放的市场中获益,且企业的空间集聚经济性越来越显著。通过企业更替机制影响生产率,对于完善企业及其附属资源的退出和重置具有重要的启示意义。

表7-4 时期异质性和区域异质性估计结果

变量	时期异质性			区域异质性			
	1998—2001	2002—2007	2008—2013	东部	中部	西部	东北
	OPtfp	*OPtfp*	*OPtfp*	*OPtfp*	*OPtfp*	*OPtfp*	*OPtfp*
isa	-4.123** (-2.47)	10.914* (1.74)	23.250* (1.83)	50.313** (3.36)	20.387* (3.08)	40.315* (2.65)	64.366** (3.42)
isa^2	1.409 (1.07)	-5.870*** (-6.56)	-11.610* (-1.93)	-25.304* (-2.88)	11.495 (0.69)	19.591** (3.62)	-47.149* (-2.22)
trf	0.278*** (6.09)	3.771* (1.79)	0.659*** (4.51)	41.646** (3.98)	4.614* (2.44)	77.606 (1.16)	65.085* (2.48)
trf^2	-1.332*** (-2.80)	-2.809*** (-3.75)	-1.075* (-2.09)	-1.113* (-2.16)	-1.975** (-3.50)	-17.353* (-2.35)	9.225* (2.75)
$isa \times trf$	0.308*** (6.49)	5.378* (1.71)	0.697* (2.11)	42.891** (3.01)	4.175** (3.60)	73.610* (2.13)	62.719* (2.07)
控制变量	YES	YES	YES	YES	YES	YES	YES
模型选择	FE	FE	FE	FE	FE	FE	FE
R^2	0.836	0.823	0.461	0.996	0.997	0.995	0.977
观测值	119	489	184	16	16	16	16

注:括号中为 t 统计量。

第八章 企业异地进入、创新要素流入与区域创新空间收敛

区域创新空间收敛是经济收敛性分析的一个重要问题,因为创新收敛意味着技术扩散,进而促进区域经济增长。企业在空间上的进入动态,能够促进技术和创新要素在空间上的重新配置,进而会对区域的创新和经济增长产生影响。本章通过引入空间变量的经济收敛模型和中介效应模型,基于中国上市公司及其子公司数据,考察企业异地进入是否能够促进区域创新空间收敛,以及创新要素是否能够发挥中介效应。

第一节 理论分析与研究假说

本章关注的是企业异地进入产生知识溢出并促进创新要素流入,进而产生区域创新的空间收敛效应。借鉴 2007 年豪斯曼(Hausmann)等的产品转换模型的思想和方法,构建企业异地进入创新收敛理论模型,讨论企业异地进入引致的知识溢出与创新要素流入的空间创新收敛的微观发生机制。

一、基本假设

模型所讨论的经济体中包括进入企业在内的合计 N 家企业,每个企业只生产 1 种产品,并且标准化为 1。所有的商品以相同的外生给定价格 P 进行交易。每种产品具有差异性,使用其生产率 θ_i 进行区分,$i \in (0, N)$。企业的生产率 θ_i 按照大小排序,排名较高的企业意味着其技术水平或知识含量也较高。生产率在 0 到 k 的范围内均匀分布,即 $\theta_i \in [0, k]$。k 表示地区的技术水平,是企业的

技术上限。企业在初始状态下需要一定的投入,用 b 个单位的劳动力来表示,此处的劳动作为资本和技术的混合体,表示创新要素。进入企业并不确定其初始生产率 θ^{new} 的高低,事前只知道 θ^{new} 在 $[0,k]$ 均匀分布。进入企业实现初始生产率 θ^{new} 的技术成为通用知识,被所有企业知悉。本地企业可以"搭便车"以享受知识溢出或者技术扩散的好处,自由生产具有较高替代性的产品,而不用支付技术创新的成本。如果本地企业采用了进入企业的技术,那么其生产效率可以由进入企业生产效率的一个比例 α 算出,$\alpha \in [0,1]$。α 的经济学意义是本地企业的知识吸收能力系数。

二、理论模型

本地企业 i 采用原有技术还是采用新技术,取决于 θ_i 与 $\alpha\theta^{new}$ 之间的比较。如果 $\theta_i > \alpha\theta^{new}$,本地企业将继续采用原有技术,否则将采用新技术。

考虑在位企业的投资决策及其预期利润。预期利润取决于本地企业自身原有的生产率与采用进入企业生产技术后的生产率的比较。根据所有企业的生产率均匀分布的假定,且存在集聚经济,设定进入企业预期生产率为该区域中企业数量 m 的增函数:

$$E(\theta^{new}) = \frac{km}{m+1} \tag{8-1}$$

其中,$E(\theta^{new})$ 为进入企业的预期生产率;当 $m=0$ 时,$E(\theta^{new})=0$;当 $m\to\infty$ 时,$E(\theta^{new})\to k$。

根据企业生产率分布假定,第 i 个本地企业继续采用原来技术的概率为:

$$Prob(\theta_i \geq \alpha\theta^{new}) = 1 - \frac{\alpha E(\theta^{new})}{k} = 1 - \frac{\alpha m}{m+1} \tag{8-2}$$

在该概率下可以得到预期利润:

$$E(\pi|\theta_i \geq \alpha\theta^{new}) = \frac{1}{2}P[k + \alpha E(\theta^{new})] = \frac{1}{2}Pk\left[1 + \frac{\alpha m}{m+1}\right] \tag{8-3}$$

我们可以类似地计算出本地企业选择新技术的概率和预期利润如下:

$$Prob(\theta_i < \alpha\theta^{new}) = \frac{\alpha E(\theta^{new})}{k} = \frac{\alpha m}{m+1} \tag{8-4}$$

$$E(\pi|\theta_i < \alpha\theta^{new}) = P \times \alpha E(\theta^{new}) = Pk\left(\frac{\alpha m}{m+1}\right) \tag{8-5}$$

由上述讨论,可得到本地企业的预期利润为:

$$E(\pi) = Prob(\theta_i \geq \alpha\theta^{new}) \times E(\pi|\theta_i \geq \alpha\theta^{new}) + Prob(\theta_i < \alpha\theta^{new}) \times E(\pi|\theta_i < \alpha\theta^{new})$$

$$= \left(1 - \frac{\alpha m}{m+1}\right) \times \frac{1}{2}Pk\left(1 + \frac{\alpha m}{m+1}\right) + \left(\frac{\alpha m}{m+1}\right) \times Pk\left(\frac{\alpha m}{m+1}\right)$$

$$= \frac{1}{2}Pk\left[1 + \left(\frac{\alpha m}{m+1}\right)^2\right] \tag{8-6}$$

进一步,根据产品标准化假定,本地企业的预期生产率为:

$$E(\theta) = \bar{\theta} = \frac{1}{2}k\left[1 + \left(\frac{\alpha m}{m+1}\right)^2\right] \tag{8-7}$$

企业的预期生产率 $E(\theta)$ 与技术水平边界 k、知识吸收能力 α 和采用新技术的企业数量 m 等变量正相关。地区原有技术水平显然与技术水平边界和知识吸收能力密切相关。而企业数量说明了经济集聚有利于知识溢出,从而使得技术创新扩散相对容易。

三、机制与假说

采用新技术的本地企业数量 m 是内生的且持续增加,直到超额利润为零时。可以将企业进入带来的新技术溢出影响本地企业的预期利润水平 E 表示为:

$$R(P,k,m^*) = E(\pi)^* = \frac{1}{2}Pk\left[1 + \left(\frac{am^*}{m^*+1}\right)^2\right] \tag{8-8}$$

其中,m^* 表示均衡时的 m 值。每个采用新技术的企业都需要有 b 单位的前期劳动力投资导致的沉没投资 bw,w 是采纳新技术后的工资率。均衡条件为预期利润的现值与投资的沉没成本相等。

$$\int_0^\infty R(P,k,m^*) e^{-\rho t} dt = \frac{\frac{1}{2}Pk\left[1 + \left(\frac{am^*}{m^*+1}\right)^2\right]}{\rho} = bw^* \tag{8-9}$$

其中,ρ 表示预期利润折现率;w^* 表示均衡时 w 的值。工资是由总劳动需求决定的,而总劳动需求等于固定的劳动供给 $\bar{L}$。所有采纳新技术的本地企业的劳动力需求为 m^*b。未采纳新技术的所有本地企业的劳动力需求由递减函数 $D(w)$ 给定,一阶导数 $D'(w) < 0$。设定 $D(w)$ 函数为简单的线性函数: $D(w) = \delta - \gamma w$,其中,$0 < \delta < \bar{L}, 0 < \gamma < 1$。则进一步,劳动力市场均衡状态为:

$$m^*b + D(w^*) = \bar{L} \tag{8-10}$$

联立方程(8-9)、(8-10),可得方程组(8-11):

$$\begin{cases} \dfrac{\frac{1}{2}Pk\left[1+\left(\dfrac{am^*}{m^*+1}\right)^2\right]}{\rho} = bw^* \\ m^*b + \delta - \gamma w^* = \overline{L} \end{cases} \quad (8\text{-}11)$$

经过解析方程组(8-11)可得到均衡状态的 m^* 和 w^* 的值。考虑到计算的复杂性,本章使用线性图形简要分析动态均衡,见图8-1。方程(8-9)和方程(8-10)分别被绘制为图中曲线 Z 和曲线 L。两条曲线的斜率皆为正,且曲线 L 的斜率大于曲线 Z 的斜率。

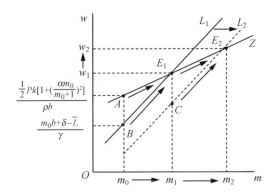

图8-1　知识溢出和研发要素流入的区域创新收敛机制

(一) 企业进入的知识溢出机制

企业异地进入,带来具有比较优势的新技术,产生知识溢出效应。当采用新技术的本地企业数量为 m_0 时,本地企业的预期收益水平出现在点 A,劳动市场价格水平出现在点 B。很显然,A 点的预期收益要高于 B 点的工资水平,这会激励更多企业采用新技术。随着采用新技术的本地企业数量 m 的增加,进一步产生了集聚的相互学习效应,企业的预期收益上升。同时,本地企业的加入使得劳动需求增加,导致工资水平 w 上升。工资水平比预期收益上升的速度更快,即 A 点和 B 点的差距逐渐收敛,最终达到均衡,均衡点为曲线 L_1 和曲线 Z 的交点 $E_1(m_1,w_1)$。因此,新技术企业进入后,采纳新技术的企业增多,同步引发工资水平上升,最终达到均衡点。这一过程总体表现为区域创新的收敛过程。

假说1:企业异地进入产生知识溢出效应,吸引大量本地企业采用新技术,形成了区域创新空间收敛效应。

（二）研发要素流入的累积机制

企业异地进入通过知识溢出机制，引发区域内部劳动力调整和工资水平上升，将进一步吸引区域外要素流入，包括研发人员和研发资本的流入。区域的研发要素禀赋增加，使得 L_1 曲线向右移动到 L_2。市场会再次出现收益预期与劳动市场失衡的情况，如图 8-1 中 $E_1(m_1, w_1)$ 所代表的企业预期收益和 C 点所表示的工资水平。知识溢出机制再次发生作用，最终会收敛于新的均衡点 $E_2(m_2, w_2)$。新的均衡相对于初始均衡具有更高的工资水平和更高的生产率，这也意味着创新要素的持续流入，引致区域创新的持续收敛，形成了累积机制。

假说 2a：研发人员流入对企业异地进入促进区域创新空间收敛产生了显著的中介作用。

假说 2b：研发资本流入也存在相同的中介作用机制。

第二节　计量模型、变量与数据

为了契合企业异地进入影响区域创新收敛的理论机制分析，本章通过扩展经济增长理论中的 β 收敛模型并设置创新要素流入的中介效应模型进行经验数据验证。经济的收敛性研究通常从时间和空间两个切入点进行区分，其实二者密不可分，时间上的收敛具有空间特征，而空间收敛也有时间维度（刘明和王思文，2018）。本章基于巴罗（Barro）等于1991年研究的各国经济增长的 β 收敛模型，借鉴刘明和王思文（2018）、白俊红和刘怡（2020）的空间收敛检验方程，设置空间计量模型，考察区域创新的空间收敛，并且设置中介效应模型，考察创新要素流入的中介机制。

一、模型设置

（一）区域创新空间收敛模型

基于经济增长的 β 收敛检验方程，可将创新收敛方程表述如下：

$$\ln\frac{\left(\dfrac{K_{iT}}{K_{it}}\right)}{T-t} = \eta - \frac{1-e^{-\beta(T-t)}}{T-t}\ln(K_{it}) + \varepsilon_{it} \tag{8-12}$$

其中，i 为区域；t 和 T 分别表示研究的期初和期末，$T-t$ 表示时间跨度，为正数；K_{it} 为区域创新水平；η 为常数；β 表示创新的收敛或者发散；ε 为随机干扰项。

借鉴 1995 年伊斯兰（Islam）的研究，采用当期增长率作为被解释变量，即时间跨度 $T-t$ 为 1，可以将方程(8-12)简化为：

$$\ln\left(\frac{K_{it}}{K_{it-1}}\right) = \eta - (1 - e^{-\beta})\ln(K_{it-1}) + \varepsilon_{it} \tag{8-13}$$

由 $\ln\left(\frac{K_{it}}{K_{it-1}}\right) = \ln(K_{it}) - \ln(K_{it-1})$，方程(8-13)可以简化为：

$$\ln(K_{it}) = \eta + e^{-\beta}\ln(K_{it-1}) + \varepsilon_{it} \tag{8-14}$$

令 $A = e^{-\beta}$，则可得到收敛系数：

$$\beta = -\ln A \tag{8-15}$$

综合式(8-12)到式(8-15)的分析，可得到结论：$\beta > 0$ 意味着区域创新水平越高，区域创新增长率越小，区域创新水平收敛，且 β 值越大，区域创新收敛速度越快；$\beta < 0$ 时，区域创新处于空间发散状态，表示创新呈现块状集聚的经济现象，且 β 的绝对值越大，发散速度越快；$\beta = 0$ 时，区域创新处于空间相对均衡状态。

区域的创新活动受到地区间的知识溢出和创新要素流动的影响（白俊红等，2017）。本章关注企业异地进入引发的知识溢出和创新要素流入影响区域创新的收敛效应。由此，在式(8-14)中引入企业进入、区域创新要素流动等核心解释变量及其他控制变量，同时加入企业进入与创新要素流入的交互项以检验理论假说。此外，考虑控制区域个体效应和时间效应，将计量模型进一步拓展为：

$$\ln(K_{it}) = \eta + A\ln(K_{it-1}) + \rho W\ln(K_{it-1}) + \tau_1 FE_{it} + \tau_2 FP_{it} + \tau_3 FS_{it} + \sigma_1 FE_{it} \times FP_{it} + \sigma_2 FE_{it} \times FS_{it} + B_{it}X_{it} + \nu_i + \omega_t + \varepsilon_{it} \tag{8-16}$$

其中，ρ 为空间自回归系数，表征区域之间创新的空间依赖性，反映了其他地区创新水平对本区域创新收敛的影响；W 为 $n \times n$ 阶的空间权重矩阵；τ 和 σ 为相应变量的系数；FE_{it} 为企业异地进入；FP_{it} 为研发人员流入；FS_{it} 为研发资本流入；$FE_{it} \times FP_{it}$ 和 $FE_{it} \times FS_{it}$ 分别为企业异地进入与研发人员流入和研发资本流入的交互项；X_{it} 为控制变量集合；B_{it} 为控制变量的系数集合；ν_i 和 ω_t 分别为区域固定效应和时间效应，ε_{it} 为随机误差项。

（二）创新要素流入中介模型

为进一步检验企业异地进入影响区域创新空间收敛的创新要素流入机制，

本章参考已有研究(温忠麟和叶宝娟,2014),应用三步法中介模型做检验分析。模型设置如下:

$$K_{it} = cFE_{it} + O_{it}X_{it} + \nu_i + \omega_t + e_1 \quad (8\text{-}17)$$

$$CF_{it} = aFE_{it} + P_{it}X_{it} + \nu_i + \omega_t + e_2 \quad (8\text{-}18)$$

$$K_{it} = c'FE_{it} + bCF_{it} + Q_{it}X_{it} + \nu_i + \omega_t + e_3 \quad (8\text{-}19)$$

其中,方程(8-17)的系数 c 为企业异地进入对区域创新的总效应系数;方程(8-18)的系数 a 为企业异地进入对中介变量创新要素 CF_{it} 的效应系数,创新要素为研发人员流入或研发资本流入;方程(8-19)的系数 c' 是在控制了创新要素流入的影响后,企业异地进入对区域创新的直接效应系数,而系数 b 是在控制了企业异地进入的影响后,创新要素流入对区域创新的效应;O_{it}、P_{it}、Q_{it} 为控制变量的系数向量;e_1、e_2 和 e_3 是回归残差。创新要素流入的中介效应等于间接效应,即等于系数乘积 ab,ab 与总效应和直接效应具有如下关系:$c = c' + ab$。创新要素流入的中介效应模型分析就是检验 ab 是否显著存在,以及估计间接效应与总效应的比值 $\dfrac{ab}{c}$ 以体现创新要素流入的中介效应作用程度。

二、变量选择

(一)区域创新

已有研究中广泛使用专利数量作为创新水平的代理变量。而专利数量又体现为专利申请量和专利授权量。专利授权量受到政策和专利授权管理机构等多方面因素的影响,而且专利授权要求严格,周期较长,往往低估了区域创新水平。专利申请量指标的使用最为广泛,能反映包括知识溢出的模仿创新在内的地区创新水平。因此,本章用专利申请量(pa_{it})来表示区域创新水平,最大限度反映自主创新和知识溢出水平。在本章的实证模型中,以对数形式引入专利申请量($lnpa_{it}$)。

(二)企业异地进入

借鉴曹春方等(2015)和马光荣等(2020)的做法,本章用异地上市公司在本地设立子公司的总数表示企业异地进入水平。具体的做法是按年筛选出区域的上市公司设立子公司的数据,剔除母公司在本地的子公司数据,得到异地上市公司在本地设立的子公司数量(ss_{it}),表示企业异地进入水平。由于本章考察区域层面的创新收敛,在企业异地进入的界定上采取更为宽松的口径,即如果子公司与母公司不在同一个区域,就界定为异地。此外,本章使用未剔除本地上市公司设立的子公司数据的宽口径子公司数量(ts_{it})用于稳健性检验。在实证模型中,本章以对数形式引入异地子公司总量($lnss_{it}$)和子公司总量($lnts_{it}$)两个指标。

(三) 创新要素流入

王钺和刘秉镰(2017)将创新要素流动分为研发人员和研发资本的流动,采用引力模型测度了两类要素从某个区域的流出,以反映区际要素流动。本章采用与其相同的分类方法,但是使用引力模型测度其他地区两类要素向某个区域的流入,以表示创新要素的区域流入。因此,本章在他们的研究基础上,改造创新要素流出引力公式为创新要素的流入引力公式。此外,本章基于省级层面的分析,采用省会城市之间的地理距离来表示区域空间距离。在本章的实证模型中,以对数形式引入研发人员流入($lnrdpi_{it}$)和研发资本流入($lnrdei_{it}$)两个指标。

1. 研发人员流入

区域 i 就业人员的平均工资水平对其他地区的研发人员具有吸引力,相应的研发人员引力模型可以修正为:

$$FP_{ijt} = PR_{jt} \times wage_{it} \times R_{ij}^{-2} \tag{8-20}$$

其中,FP_{ijt} 为 t 时期从 j 区域流入到 i 区域的研发人员数量;PR_{jt} 为 t 时期 j 区域的研发人员的全时当量;$wage_{it}$ 为 t 时期 i 区域的职工平均工资率,表示 i 区域对 j 区域研发人员的吸引力;R_{ij}^{-2} 为 i 区域与 j 区域之间的距离的平方倒数。

那么,i 区域研发人员的总流入量为其他各个区域研发人员向 i 区域流入量的总和:

$$FP_{it} = \sum_{j=1}^{n} FP_{ijt} \tag{8-21}$$

其中,FP_{it} 为 t 期 i 区域的研发人员流入总量;n 为 i 区域之外的其他区域数量。

2. 研发资本流入

根据资本的逐利性,区域 i 的企业平均利润率对其他区域的研发资本具有吸引力,相应的研发资本引力模型可以被修正为:

$$FS_{ijt} = SR_{jt} \times rate_{it} \times R_{ij}^{-2} \tag{8-22}$$

其中,FS_{ijt} 为 t 时期从 j 区域流入到 i 区域的研发资本数量;S_{jt} 为 t 时期 j 区域的研发资本存量;$rate_{it}$ 为 t 时期 i 区域的规模以上企业的平均利润率,表示 i 区域对 j 区域研发资本的吸引力;R_{ij}^{-2} 为 i 区域与 j 区域之间的距离的平方倒数。

那么，i 区域研发资本的流入总量为其他各个区域向 i 区域流入量的总和：

$$FS_{it} = \sum_{j=1}^{n} FS_{ijt} \qquad (8-23)$$

其中，FS_{it} 为 t 期 i 区域的研发资本流入量；n 为 i 区域之外的其他区域数量。

区域研发资本存量是知识溢出的来源，也是知识吸收能力的基础。研发资本存量是利用研发支出的流量并采用永续盘存法（王钺和刘秉镰，2017）估计得到的，如下所示：

$$SR_{it} = (1-\delta) \times SR_{it-1} + RE_{it-1} \qquad (8-24)$$

其中，SR_{it} 为当期研发资本存量；SR_{it-1} 为前期研发资本存量；δ 为折旧率，设定为 15%；RE_{it-1} 为前期研发支出。

《中国科技统计年鉴》将研发经费支出分为日常性支出、资产性支出两类。参考王钺和刘秉镰（2017）的研究，设定研发支出价格指数 $=0.6\times$ 消费价格指数 $+0.4\times$ 固定资产价格指数，做研发支出的价格因素的剔除。而基期的研发资本存量用基期的研发支出来推算：

$$SR_0 = \frac{RE_0}{g+\delta} \qquad (8-25)$$

其中，SR_0 为初始研发资本存量；RE_0 为初期研发支出；g 为研究期内研发支出的年增长率。

（四）控制变量集合

本章选择一系列控制变量并以其对数形式引入模型，具体如下：① 经济发展水平（$lnagdp$），既为创新提供了需求驱动，也为创新提供了投入来源，也是区域创新呈现非均衡特征的重要原因，本章使用人均地区生产总值表示区域的经济发展水平；② 要素禀赋（$lnpd$），是区域发展的必要条件，也是区域发展差异的根源，显然也造成了区域创新的差异，本章用人口密度表示区域的要素禀赋差异；③ 人力资本（$lnem$），有助于知识和新技术的传播，实现"干中学"效应，形成技术创新的持续积累，是区域间创新收敛的关键渠道之一，本章用年末单位从业人数表示区域的人力资本投入；④ 物质资本（$lnfix$），以先进的生产机器和技术设备等为代表，是技术成果的重要载体和进一步创新的直接物质平台，在区域间交易、安装、投产可促进技术的扩散和溢出，有助于区域创新的收敛，本章用当年固定资产投资总额表示区域的物质资本投入；⑤ 金融资本（$lnloan$），是经济的关键要素投入之一，金融资本规模衡量了市场对于区域发展的收益预期,金融资本能够强化区域的创新优势,本章用贷款总量表示区域信贷投入;⑥ 创新政策($lnfe$),是地方政府干预区域创新的重要措施,通过直接投资或者提供补贴等多种形式推动和扶持区域创新,本章用财政支出表示区域创新政策水平;⑦ 对外开放($lnex$),大量的进出口贸易和外资企业进入,为本地区带来了先进的技术和管理经验,有助于区域的创新收敛,本章用地区进出口总量表示对外开放水平;⑧ 基础设施($lnkilo$),是区域经济生产和创新研发的环境载体,本章用体现交通运输便利程度的铁路营业里程、内河航道里程和公路里程总和表示基础设施的发展水平。

三、数据处理

本章数据主要来源于国泰安(CSMAR)数据库、《中国科技统计年鉴》和国研网的区域经济数据库。由于数据的完整性和可得性,本章的研究样本为中国大陆地区(未包含西藏自治区)的30个省(区)市。综合制造业上市公司的母公司总数量及其子公司设立的区域覆盖情况,设定研究期限为2000—2018年并以2000年为基期剔除相应的价格因素。

上市公司基本信息及其异地投资数据来源于国泰安数据库中的上市公司基本信息、上市公司子公司基本情况两个统计表。上市公司基本信息统计表中包括年度区间、证券代码、公司名称、行业代码和注册地址等基本信息。上市公司子公司基本情况表中主要包括年度区间、证券代码、子公司名称和注册地址等基本信息。上市公司的子公司异地进入数据集的清洗和构造的具体过程如下:① 根据证券代码和年度区间合并上市公司基本信息和上市公司子公司基本情况表;② 根据证监会行业代码表,筛选出两位数代码为13到43的制造业上市公司;③ 根据子公司注册地址信息,手工整理所在地区,对于地址缺失样本,通过互联网查询企业名称并补齐,得到的企业子公司数据集为宽口径企业异地进入的数据集,用于稳健性检验;④ 剔除母公司和子公司在同一省(区)市的数据,由此得到的企业子公司数据集为窄口径的企业异地进入数据集,用于基准估计。

区域的各项宏观经济指标主要来源于国研网的区域经济数据库。部分缺失数据是通过手工方式,从相应地区的历年统计年鉴或统计公报中获取基础数据,经过计算获得的。此外,通过高德地图开放平台,根据省会城市的市政府所在地,获取省会城市的经纬度,应用测算航海大圆距离公式,计算得到城市间直线距离(嵇正龙和宋宇,2020)。

本章的研究样本数据集为前文构造的企业异地进入数据集和省(区)市的区域数据集,根据省(区)市和年份两个指标合并而成,并且对进入空间计量模型的变量进行对数化处理。各个指标对数值的描述性统计结果见表8-1。

表8-1 各个变量的描述性统计结果(样本量 $N=540$)

变量	变量含义	平均值	标准差	最小值	最大值
lnpa	专利申请量(对数)	9.537	1.705	4.820	13.580
lnts	子公司总量(对数)	5.409	1.156	1.792	8.418
lnss	异地子公司总量(对数)	4.565	1.352	0.693	7.838
lnrdpi	研发人员流入(对数)	6.775	1.471	2.489	10.270
lnrdei	研发资本流入(对数)	7.212	1.437	2.370	10.800
lnagdp	人均GDP(对数)	5.322	0.724	3.348	6.902
lnpd	人口密度(对数)	5.423	1.235	1.987	7.987
lnem	就业人数(对数)	7.573	0.813	5.631	8.832
lnfix	固定资产投资总额(对数)	3.709	1.140	0.633	5.948
lnloan	贷款总量(对数)	4.379	1.076	1.348	6.919
lnfe	财政支出(对数)	6.659	3.904	1.226	12.730
lnex	进出口总量(对数)	9.799	1.743	5.233	13.650
lnkilo	运输总里程(对数)	11.430	0.879	9.032	12.760

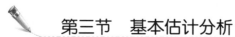

第三节　基本估计分析

一、区域创新的全局自相关检验

根据研究文献,在做空间计量实证分析之前,需要检验区域间是否存在空间相关性。借鉴已有研究,本章采用全局莫兰指数(Global Moran's I)评估中国的区域创新空间相关性,见表8-2。结果表明,中国各个省(区)市的区域创新全局莫兰指数显著大于0,即呈现显著的正相关特征。进一步观察发现,中国区域创新全局莫兰指数较为均衡,这表明中国的市场开放和一体化程度较高,区域创新的空间依赖性较强,且较为稳定。因此,本章尝试从空间角度探讨企业异地进入对中国区域创新的收敛效应是可行的。

表8-2　基于空间距离权重的中国区域创新全局莫兰指数

年份	I	z	p
2000	0.235***	2.828	0.005
2001	0.234***	2.821	0.005
2002	0.278***	3.293	0.001
2003	0.257***	3.070	0.002
2004	0.262***	3.136	0.002
2005	0.231***	2.784	0.005
2006	0.245***	2.929	0.003
2007	0.249***	2.955	0.003
2008	0.262***	3.090	0.002
2009	0.270***	3.179	0.001
2010	0.289***	3.380	0.001
2011	0.275***	3.246	0.001
2012	0.259***	3.093	0.002
2013	0.254***	3.033	0.002
2014	0.249***	2.980	0.003
2015	0.252***	2.993	0.003
2016	0.258***	3.061	0.002
2017	0.244***	2.922	0.003
2018	0.269***	3.183	0.001

二、区域创新收敛的估计结果

白俊红和刘怡于2020年采用2014年埃洛斯特(Elhorst)的空间模型筛选规则,建立了空间自回归(SAR)模型和空间误差模型(SEM),分析了市场整合对区域创新收敛的影响。埃洛斯特的空间模型筛选规则是在应用空间面板数据集做 OLS 回归的基础上,根据 LM 统计检验的结果筛选合适的空间计量模型的规则,应用较为广泛,但是计算烦琐。而贝洛蒂(Belotti)等于 2017 年则在应用空间面板数据集进行空间杜宾模型(SDM)估计的基础上,通过系数检验,提出了更为简洁的 3 条筛选规则:第一,如果变量空间滞后项系数都等于 0,而空间自回归系数不等于 0,选择空间自回归模型;第二,如果变量空间滞后项系数等于该变量的回归系数与空间自回归系数乘积的相反数,选择空间误差模型,否则选择空间杜宾模型;第三,做豪斯曼检验,拒绝原假设则选择固定效应模型,接受原假设则选择随机效应模型。本章采用贝洛蒂等的判断方法和标准,选择了空间杜宾模型(SDM)对区域创新分别做绝对收敛、条件收敛、稳健性和影响机制检验和分析,结果见表 8-3,并且进一步分别考察创新要素流入的调节效应和中介机制作用,结果见表 8-4 和表 8-5。

区域创新空间依赖的绝对收敛分析的结果,如估计 1 所示,样本的空间自相关系数 ρ 在 1% 水平上显著为正,且拟合优度较高;区域创新滞后项系数显著为正,绝对收敛系数 $\beta>0$,意味着中国的区域创新表现出显著的空间依赖,且存在显著的绝对收敛效应。进一步考虑了企业进入的区域创新空间依赖的条件收敛分析结果如估计 2 所示,与绝对收敛相似,拟合优度较高,且空间自相关系数 ρ、区域创新滞后项系数和企业进入系数都显著为正,条件收敛系数 $\beta>0$,表明中国的区域创新存在显著的空间依赖,且表现出显著的条件收敛效应。同时可发现,条件收敛系数大于绝对收敛系数,这意味着企业异地进入加快了区域创新收敛速度。估计 3 为引入了控制变量后得到的结果,依然可以得到与前文相同的结论。因此,综合来看,中国区域创新存在显著的空间依赖性,且同时存在绝对收敛效应和条件收敛效应,企业异地进入促进了区域创新收敛,验证了假说 1。

表 8-3　企业异地进入影响区域创新收敛的实证结果

变量	估计 1	估计 2	估计 3	估计 4	估计 5
L.$lnpa$	0.847*** (38.30)	0.836*** (37.52)	0.894*** (30.69)	0.840*** (37.66)	0.885*** (35.74)
$lnss$	— —	0.0613** (2.322)	0.0335* (1.80)	— —	— —
$lnts$	— —	— —	— —	0.0689* (1.907)	0.0302* (1.69)

续表

变量	估计1	估计2	估计3	估计4	估计5
lnagdp	—	—	-0.017 6 (-0.334)	—	0.004 55 (0.087 3)
lnpd	—	—	0.040 2** (2.530)	—	0.031 8** (2.071)
lnem	—	—	-0.020 6 (-0.491)	—	-0.007 66 (-0.185)
lnfix	—	—	0.050 8* (1.818)	—	0.061 5** (2.190)
lnloan	—	—	0.056 2 (1.377)	—	0.070 4* (1.691)
lnfe	—	—	-0.003 22 (-1.113)	—	-0.001 47 (-0.523)
lnex	—	—	0.008 54 (0.547)	—	0.006 87 (0.481)
lnkilo	—	—	0.027 6 (1.076)	—	0.012 3 (0.481)
常数项	—	—	0.656* (1.67)	—	0.272* (1.70)
ρ	0.448*** (8.647)	0.425*** (8.039)	0.320*** (5.27)	0.428*** (8.003)	0.357*** (6.24)
sigma2_e	0.018 7*** (16.23)	0.018 5*** (16.25)	0.019 2*** (15.25)	0.018 6*** (16.24)	0.019 3*** (15.55)
R^2	0.99	0.99	0.99	0.99	0.99
Hausman test	49.02***	54.74***	0.72	52.22***	10.18
效应选择	FE	FE	RE	FE	RE
样本量	540	540	540	540	540
观测对象	30	30	30	30	30
模型选择	SDM	SDM	SDM	SDM	SDM
收敛系数 β	0.166	1.79	0.112	0.174	0.122

注：括号中为 z 统计量。

三、内生性讨论与稳健性检验

考虑到解释变量和被解释变量有可能存在内生性问题，即由于区域的创新水平较高,吸引了企业异地进入。也就是说,企业异地进入与区域创新水平之间可能存在反向因果关系。本章引入了区域创新水平的一阶滞后项,采用动态空间面板数据进行回归分析,能够较好地克服前述内生性的影响。

为检验基本估计结果的稳健性,本章用包含上市公司本地子公司的宽口径企业进入指标替代了窄口径的企业异地进入指标,采用相同的估计策略做收敛性分析,见表8-3中的估计4和估计5。稳健性检验的结果表明,中国区域创新同时存在绝对收敛和企业异地进入的条件收敛,基准估计的结果较为稳健,进一步验证了假说1。

第四节 区域创新收敛机制检验

根据文献梳理和理论分析,企业异地进入促进区域创新收敛的一个重要路径是创新要素的流入。本章分别考察创新要素的调节效应和中介效应。

一、创新要素的调节效应机制

本章对创新要素的调节效应机制的检验分两步进行,结果见表8-4。第一步,将研发要素流入分为研发人员流入和研发资本流入两个方面,同时引入条件收敛模型,得到估计6。结果表明,企业异地进入、研发资本和研发人员流入都能够正向促进中国区域创新收敛。进一步考察企业进入与研发资本流入和研发人员流入的交互项影响,得到估计7。结果表明,企业进入和研发人员流入及二者的交互项都显著促进了中国区域创新收敛,基本验证了假说2a。而在考察了交互影响后发现,研发资本对于区域创新的影响不再显著,并不支持假说2b。这可能是由于创新资本更倾向于创新领先地区集聚产生的极化效应而抑制了其区域扩散效应且二者相互抵消,导致结果不明确。但是,总的来说,创新要素调节效应机制分析表明,企业进入和研发要素的流动促进了区域创新收敛,基本验证了假说2a。

表8-4 研发要素流入影响中国区域创新收敛调节机制分析

变量	估计6	估计7
L.lnpa	0.802***	0.800***
	(34.22)	(31.83)
lnss	0.079 9***	0.118***
	(3.546)	(3.321)
lnrde	0.071 1*	0.018 9
	(1.722)	(0.346)
lnrdp	0.130**	0.208**
	(2.097)	(2.566)
lnss × lnrde	—	−0.003 26
		(−0.242)
lnss × lnrdp	—	1.766***
	—	(3.614)
lnagdp	−0.016 6	−0.003 14
	(−0.217)	(−0.041 9)
lnpd	−0.152	0.185**
	(−0.691)	(2.388)
lnem	−0.028 5	−0.004 73
	(−0.231)	(−0.135)
lnfix	−0.006 34	−0.033 3
	(−0.184)	(−0.273)
lnloan	0.116**	0.017 1
	(1.993)	(0.752)
lnfe	0.243***	−0.036 8
	(2.992)	(−0.972)
lnex	0.016 8	−0.381*
	(0.717)	(−1.727)
lnkilo	−0.039 1	0.064 5
	(−0.733)	(1.092)
ρ	0.285***	0.300***
	(4.589)	(4.946)
sigma2_e	0.016 8***	0.016 4***
	(16.34)	(16.33)

续表

变量	估计6	估计7
R^2	0.96	0.813
Hausman test	93.16***	91.98***
效应选择	FE	FE
样本量	540	540
观测对象	30	30
模型选择	SDM	SDM
收敛系数 β	0.220	0.223

注:括号中为 z 统计量。

二、创新要素的中介效应机制

按照方程(8-17)、(8-18)、(8-19)的中介效应模型设定,本章采用三步法分别检验研发人员流入和研发资本流入的中介作用,结果见表8-5。研发人员流入的中介效应检验结果表明,企业异地进入对区域创新的总效应是 0.307,直接效应为 0.280,而通过研发人员流入促进区域创新的间接效应为 0.026 4,它就是中介效应,所有效应都在1%水平上显著。研发人员流入的中介效应在总效应中占比 8.6%,虽然影响不是很大,但是很好地验证了假说2a。研发资本流入的中介效应检验结果并不显著,未能识别其在企业异地进入促进区域创新空间收敛中的中介作用。因此,研发资本流入的中介效应检验,也不支持假说2b。总的来说,企业异地进入促进区域创新空间收敛的中介效应机制表明,创新要素中的研发人员流入是重要的中介变量,通过它可以得到与调节效应分析相一致的结论。

表8-5 研发要素流入影响中国区域创新收敛中介机制分析结果

变量	lnpa	研发人员流入		研发资本流入	
		lnrdpi	lnpa	lnrdei	lnpa
lnss	0.307***	0.080 1***	0.280***	−0.006 30	0.307***
	(8.16)	(3.34)	(7.54)	(−0.14)	(8.16)
lnrdpi	—	—	0.330***	—	—
	—	—	(4.96)	—	—

续表

变量	lnpa	研发人员流入		研发资本流入	
		lnrdpi	lnpa	lnrdei	lnpa
lnrdei	—	—	—	—	−0.048 6 (−1.32)
lnagdp	−0.201 (−1.51)	0.422*** (4.99)	−0.341* (−2.56)	1.785*** (11.41)	−0.114 (−0.77)
lnpd	−0.014 1 (−0.04)	0.026 2 (0.11)	−0.022 8 (−0.06)	1.383** (3.27)	0.053 1 (0.15)
lnem	−0.613** (−2.83)	0.962*** (6.96)	−0.931*** (−4.20)	0.072 0 (0.28)	−0.609** (−2.81)
lnfix	0.102 (1.57)	−0.010 3 (−0.25)	0.105 (1.65)	−0.505*** (−6.63)	0.076 9 (1.14)
lnloan	0.990*** (11.29)	0.530*** (9.48)	0.815*** (8.78)	0.288** (2.80)	1.004*** (11.38)
lnfe	0.001 99 (0.35)	−0.016 7*** (−4.66)	0.007 52 (1.34)	0.004 87 (0.74)	0.002 23 (0.40)
lnex	0.195*** (4.71)	0.216*** (8.20)	0.124** (2.87)	0.225*** (4.62)	0.206*** (4.88)
lnkilo	0.044 2 (0.63)	0.165*** (3.69)	−0.010 3 (−0.15)	0.139 (1.69)	0.050 9 (0.72)
常数项	6.785*** (4.46)	−9.345*** (−9.64)	9.874*** (6.12)	−13.42*** (−7.50)	6.133*** (3.83)
R^2	0.947	0.976	0.949	0.920	0.947
F-test	17.58***	208.8***	19.03***	70.48***	17.59***
效应选择	FE	FE	FE	FE	FE
样本量	570	570	570	570	570
观测对象	30	30	30	30	30
中介效应	—	—	0.026 4	—	0
中介占比	—	—	8.6%	—	0

注：括号中为 t 统计量。

第九章 企业异地进入与市场一体化的经济增长效应

企业异地进入是资源在地区间流动与重置的过程,也是区域一体化发展的内生驱动机制。本章选择长三角区域为研究对象,考察微观企业异地进入动态与区域市场一体化发展共同产生的宏观经济增长效应。

第一节 理论分析与研究假说

关于长三角区域高质量一体化的研究涵盖了顶层制度设计、空间结构优化、区域合作和分工、交通基础设施等(张学良和李丽霞,2018;李培鑫和张学良,2019;刘志彪和徐宁,2020;董洪超和蒋伏心,2020)。更多的研究探讨长三角一体化对区域内城市经济增长的差异性影响(刘乃全和吴友,2017)、促进区域内欠发达地区经济增长(邓文博等,2019),以及影响区域内企业的出口效应(强永昌和杨航英,2020)等。已有研究基本将区域一体化视为外生因素,事实上,从内生性角度思考区域经济一体化本身的研究早已在许多文献中出现(项松林,2015)。比如,全球范围内区域一体化的内生检测的预测准确率超过95%(Baier 和 Bergstrand,2004),这说明区域一体化具有较强的内生性。

最近,越来越多的文献将研究引向微观层面,企业动态行为被看作市场一体化的关键内生驱动力之一。城乡产业一体化进程表现为企业区位选址过程(张子珍,2017),企业迁移到外围地区并不会减弱其与核心区企业的关联性发展(Murata 和 Thisse,2005)。嵇正龙和宋宇(2020)基于企业地址的经纬度信息,构建了产业集聚中心引力指数算法,探析长三角区域企业空间集聚及其转移,认为企业由中心向外围地区转移集聚促进了长三角区域的经济增长。民营经济的跨区域技术交流合作的需要,以及逐利性的本质,有力推动了长三角地区市场一体化发展,有助于打破行政壁垒,提高资源配置效率,倒逼营商环境整体优化(李鲁,2019)。企业并购和大企业集团产业链的协调作用,也可以促进长三角区域一体化(刘志彪和陈柳,2018)。而子公司的设立正是跨越市场分割壁垒的一个有效的方法(曹春方等,2019)。贾佳和刘小元(2020)根据制造业上市公司新增异地子公司的情况,分析企业异地投资进入模式的影响因素。张筱娟等(2019)则在分析了杭州制造业企业的迁移后提出企业迁移促进了区域一体化的观点。此外,邵朝对等(2018)探讨了撤县设区政策推动一体化可以形成土地优势,进而促进企业的数量扩张,能够培育良好的竞争环境。正如新制度经济学理论的观点,企业的本质是对市场的替代,通过内部的科层组织体系降低交易成本,但同时产生了组织成本。企业在权衡成本的过程中,往往采取异地投资决策,通过设立子公司的形式开展业务,突破空间限制,以降低市场交易成本,进而促进了市场的一体化。由此提出本章的研究假说1和研究假说2。

假说1:企业异地进入与市场一体化都能正向促进区域经济增长,且二者存在相互替代效应。

假说2:企业异地进入与市场一体化的经济增长效应在中心城市群与外围城市群存在显著差异,存在"虹吸"现象。

第二节 计量模型、变量与数据

企业跨地区设立子公司的行为,在更大跨度上整合资源的同时也客观地影响了市场一体化。在优化资源配置和提升效率的同时,也会产生区域内部的分化。在已有的研究企业动态行为和经济增长文献的基础上,本章选择扩容后的长三角区域作为研究对象,基于该地区的制造业上市公司异地设立子公司的数据测度企业异地进入情况,提出融合地理距离和经济规模差异的空间法,估计市场一体化指数,最后采用工具变量法做实证分析。在中国经济从传统的行政区驱动转向城市驱动的现实背景下,本章选择从城市层面构建面板数据集和模型。

一、模型设置

模型设定经济增长指标为被解释变量,企业异地进入和市场一体化为核心解释变量,并且引入城市的其他经济特征指标为控制变量,同时控制城市个体效应和时间效应,构造面板数据模型进行经验分析。基本模型设定如下:

$$y_{it} = \beta_0 + \beta_1 FI_{it} + \beta_2 MSI_{it} + \beta_3 (FI_{it} \times MSI_{it}) + BX_{it} + \eta_i + \mu_t + \varepsilon_t \quad (9\text{-}1)$$

其中,i 和 t 分别为城市和年份;y_{it} 为经济增长指标;FI_{it} 为企业异地进入指数;MSI_{it} 为城市的市场一体化指数;$FI_{it} \times MSI_{it}$ 为企业异地进入指数与城市市场一体化指数的交互项;X_{it} 为城市经济控制变量集合;η_i、μ_t 和 ε_t 分别为城市固定效应、时间固定效应和随机误差项。

二、变量选择

(一)被解释变量

经济增长的常用测度指标为经济总产出、人均产出和增长率等。本章选择城市地区生产总值的增长率(g)和城市地区生产总值的水平值($lngy$)表示经济增长,前者用于基准估计,后者用于稳健性检验。

(二)解释变量

1. 企业异地进入

曹春方等(2015)在研究市场分割与异地子公司分布的关系时,应用上市公司在注册地省份之外设立子公司的数量占全部子公司的比例来测度子公司异地分布状况,拓展和丰富了企业投资分布的相关研究。企业在异地设立子公司促进资本实现跨区域流动的分析,引发了后续应用子公司测度企业异地进入的讨论。其中,马光荣等(2020)在研究交通基础设施改善促进资本的区域间流动时,使用上市公司在异地城市设立子公司的数量表示企业异地进入水平的做法,为本章所借鉴。具体的做法是:首先,按年筛选出上市公司在本地城市设立的所有子公司数据;然后,剔除母公司注册地为本地城市的子公司数据,得到异地上市公司在本地城市设立的子公司数量。本章的实证模型中使用异地上市公司在本地城市的子公司数量的对数($lnfi$)表示企业异地进入水平。

2. 市场一体化

刘志彪和孔令池(2019)提出了从产业、市场、空间结构、经济结构等10个维度测度长三角地区一体化发展水平的方法,较为综合全面。但更多的研究使用市场分割指数估计市场一体化程度(盛斌和毛其淋,2011;曹春方等,2015;董洪超和蒋伏心,2020)。市场分割指数的测算主要有贸易法、生产法和价格法3种方法,其中价格法的应用最为广泛。为了便于与已有研究比较,本章基于价格法估计市场分割指数。价格法的理论基础是一价定律,即市场完全整合的城市 i 和城市 j 之间不存在套利机会,$p_{ij} = \dfrac{p_i}{p_j} = 1$。如果考虑到运输成本,那么相对价格 p_{ij} 存在一定的波动区间。价格法又进一步分为产品价格指数法(Poncet,2003;陆铭和陈钊,2009;盛斌和毛其淋,2011;董洪超和蒋伏心,2020)和市场价格总指数法(曹春方等,2018;刘志彪和孔令池,2019)两类方法。由于城市层面产品价格、消费价格指数、工资指数等数据统计不全,本章基于已有的市场价格总指数法,并且融入地理距离和经济距离因素,提出了市场分割指数的新算法——空间法。

空间法的基本步骤为:首先,应用城市的地区生产总值指数构建城市间价格变动矩阵;其次,应用城市间的地理距离、经济距离分别构建距离矩阵,按行标准化后,求三个矩阵的哈达玛积(Hadamard Product);最后,按照城市,逐行求取非零值的方差,记为该城市的市场分割指数。市场分割指数空间法的具体测算步骤和方法如下。

第一步,构建城市数据集。构造时间—城市—地区生产总值指数、城市经纬度和城市经济规模的面板数据集,并且设定观测时长为 T 个周期,区域由 K 个城市组成,每个城市用 C 表示。

第二步,建立城市间价格变动矩阵。设定所考察的城市为 i,与之相联系的城市为 j,其中 $i,j \in [1,K]$,且 $i \neq j$。原始数据集的地区生产总值指数统计是环比数据,因此采用价格比的对数一阶差分 ΔP_{ijt} 来表示相对价格,为城市 i 与城市 j 的相对价格,ΔP_{ijt} 表示如下:

$$\Delta P_{ijt} = \ln\left(\frac{p_{it}}{p_{jt}}\right) - \ln\left(\frac{p_{it-1}}{p_{jt-1}}\right) = \ln\left(\frac{p_{it}}{p_{it-1}}\right) - \ln\left(\frac{p_{jt}}{p_{jt-1}}\right) \tag{9-2}$$

为消除地区顺序影响,对上述相对价格取绝对值 $|\Delta P_{ijt}|$:

$$|\Delta P_{ijt}| = \left|\ln\left(\frac{p_{it}}{p_{it-1}}\right) - \ln\left(\frac{p_{jt}}{p_{jt-1}}\right)\right| \tag{9-3}$$

为消除特定的影响因素导致的不可加效应,采用去均值法得到城市 i 的价格变动部分 δ_{ijt},由城市 i 相对价格绝对值 $|\Delta P_{ijt}|$ 减去所有地区相对价格的均值 $\overline{|\Delta P_{ijt}|}$ 得到 $K \times K$ 价格变动矩阵,具体方程如下。

$$\delta_{ijt} = |\Delta P_{ijt}| - |\overline{\Delta P_{ijt}}| \tag{9-4}$$

$$\Phi_{pt} = \begin{bmatrix} & C_1 & C_2 & C_3 & \cdots & C_K \\ C_1 & 0 & \delta_{12t} & \delta_{13t} & \cdots & \delta_{1Kt} \\ C_2 & \delta_{21t} & 0 & \delta_{23t} & \cdots & \delta_{2Kt} \\ C_3 & \delta_{31t} & \delta_{32t} & 0 & \cdots & \delta_{3Kt} \\ \vdots & \vdots & \vdots & \vdots & 0 & \vdots \\ C_K & \delta_{K1t} & \delta_{K2t} & \delta_{K3t} & \cdots & 0 \end{bmatrix} \tag{9-5}$$

第三步,建立城市间地理距离矩阵。新经济地理学强调"冰山成本"对于区域经济一体化的影响,而冰山成本与运输距离正相关。也就是说,城市之间的地理距离抑制了一体化,正向影响市场分割指数。从价格方面看,地理距离容易造成两地之间更大的价格差异。为了计算简便,本章设定城市间距离与城市对的价格变动部分完全正相关。根据城市的市政府所在地的经纬度计算得到城市间距离 d_{ij}。那么,区域内 K 个城市间形成了对角线为 0 的 $K \times K$ 矩阵 W_d,如下所示:

$$W_d = \begin{bmatrix} & C_1 & C_2 & C_3 & \cdots & C_K \\ C_1 & 0 & d_{12} & d_{13} & \cdots & d_{1K} \\ C_2 & d_{21} & 0 & d_{23} & \cdots & d_{2K} \\ C_3 & d_{31} & d_{32} & 0 & \cdots & d_{3K} \\ \vdots & \vdots & \vdots & \vdots & 0 & \vdots \\ C_K & d_{K1} & d_{K2} & d_{K3} & \cdots & 0 \end{bmatrix} \tag{9-6}$$

第四步,建立城市间经济距离矩阵。为弥补地理距离的静态性缺陷,本章进一步引入具有动态性的经济距离。城市的经济规模是城市之间联系紧密程度的重要影响因素之一。大城市与大城市之间的商务往来和产品流动,显然要比大城市与小城市之间更为频繁和紧密。因此,区域内城市的经济规模对于城市之间一体化具有重要影响,正向促进一体化程度的提高。城市之间的差距越大,越会强化市场之间的分割特征。经济距离与地理距离的影响具有高度的相似性,但是经济距离是动态的。本章的经济距离指标是用具有规模意义的地区生产总值的总量指标计算得到的,采用与前述地理距离矩阵构造类似的方法,得到对角线为 0 的 $K \times K$ 经济距离矩阵,具体方程如下:

$$y_{ijt} = |Y_{it} - Y_{jt}| \tag{9-7}$$

$$W_{yt} = \begin{bmatrix} & C_1 & C_2 & C_3 & \cdots & C_K \\ C_1 & 0 & y_{12t} & y_{13t} & \cdots & y_{1Kt} \\ C_2 & y_{21t} & 0 & y_{23t} & \cdots & y_{2Kt} \\ C_3 & y_{31t} & y_{32t} & 0 & \cdots & y_{3Kt} \\ \vdots & \vdots & \vdots & \vdots & 0 & \vdots \\ C_K & y_{K1t} & y_{K2t} & y_{K3t} & \cdots & 0 \end{bmatrix} \quad (9\text{-}8)$$

第五步,估计城市市场分割指数。参考已有研究中使用城市间价格变动的方差来表示市场分割指数的做法,本章使用地理距离矩阵和经济距离矩阵对价格变动矩阵赋权后取方差。为了消除量纲的影响,赋权之前对地理距离矩阵和经济距离矩阵进行和为1的行标准化处理。应用行标准化处理后的矩阵与价格变动相乘从而求取哈达玛积,如下所示:

$$H_t = \Phi_{pt} \circ W_d \circ W_{yt} \quad (9\text{-}9)$$

那么,城市 i 的市场分割指数使用矩阵 H_t 第 i 行的非零元素的方差表示:

$$ms_{it} = var(H_{ijt}), i \neq j \quad (9\text{-}10)$$

第六步,测度市场一体化水平。城市市场分割指数表示城市与整体市场割裂的程度,其倒数可以反映城市融入区域一体化的程度。参考盛斌和毛其淋(2011)的做法,采用市场分割指数倒数的平方根来表示市场一体化。城市 i 的市场一体化指数 MSI_{it} 表示城市 i 融入区域一体化的程度:

$$MSI_{it} = \sqrt{\frac{1}{ms_{it}}} \quad (9\text{-}11)$$

3. 交互项

为了进一步讨论企业异地进入与市场一体化水平对区域经济增长的协同影响,本章引入了企业异地进入指数与城市市场一体化指数的交互项(fi_{msi})来反映二者的协同增长效应。

(三) 工具变量

考虑到模型设定过程中可能遗漏重要变量,以及由于企业异地进入和市场一体化与经济增长之间可能存在高度的双向因果关系,这会导致内生性问题,本章尝试通过工具变量回归的方式来克服由此产生的估计结果偏误,以识别企业异地进入和市场一体化对城市经济增长产生的净效应。工具变量回归的思路是找到外生的且仅通过内生的解释变量影响城市经济增长的变量。一些学者在基于企业层面数据研究贿赂、税收与公司增长之间关系的工作中,论证了构造行业—地区层面变量的平均值作为企业层面该变量的工具变量的有效性,并且认为该处理方法可以有效解决自变量与因变量之间的双向因果关系引起的内生性问题(Fisman 和 Svensson,2007)。康志勇(2013)在研究融资约束、政府支持与中国本土企业研发投入问题时,使用了类似的工具变量构造法,效果良好。就本章的分析对象而言,企业在选择投资目的地的决策过程中必然受到其他城市的企业异地进入的影响,而其他城市的企业异地进入情况难以直接影响本地城市的经济增长。同样的道理,其他城市市场的一体化影响本地城市市场的一体化,而难以直接影响本地城市的经济增长。鉴于此,本章使用其他城市的企业异地进入指数均值对数($lnafi$)作为本地城市的企业异地进入的工具变量,使用其他城市的市场一体化指数均值对数($lnamsi$)作为本地城市市场一体化的工具变量。

(四) 控制变量

参考盛斌和毛其淋(2011)、曹春方等(2019)、马光荣等(2020)的做法,本章选择一系列控制变量并以对数形式引入模型。具体如下:① 劳动投入($lnem$),用年末单位从业人数来表示,反映城市的人力资本资源投入;② 资本投入($lnfa$),用当年固定资产投资总额来表示,反映城市的物质资源投入;③ 要素禀赋($lnpd$),反映城市的资源差异,用人口密度来表示;④ 要素成本($lnaw$),用城市在岗职工平均工资水平来表示;⑤ 发展政策($lnfe$),代表政府对城市经济发展的干预,用财政支出来表示;⑥ 经济结构(sr),产业经济理论认为地区的经济增长伴随着产业结构的调整,本章使用第二产业占比来表示经济结构的调整;⑦ 信贷投入($lnlo$),地区的金融环境发展情况对于现代市场经济具有重要意义,本章用贷款总量来表示;⑧ 地区开放($lnfdi$),往往吸引更多外资进入,获得更多的技术输入,本章用实际外资使用量来表示。

三、数据处理

《长江三角洲区域一体化发展规划纲要》将长三角区域的范围扩大为包括江苏、浙江、安徽和上海这三省一市,共计 41 个城市。本章选择扩容后的长三角区域的城市为研究对象,同时考虑到上市公司异地设立的子公司的数据可得性,将研究期间设定为 2010—2018 年。研究数据主要来源于国泰安上市公司数据库、国研网的区域经济数据库,缺失数据从相应省份或城市的统计年鉴及统计公报中手工整理或计算补齐。

上市公司基本信息及其异地投资数据来源于国泰安数据库中的上市公司基本信息、上市公司子公司基本情况两个统计表。上市公司基本信息统计表包括统计年度、证券代码、公司名称、行业代码和注册地址等基本信息。上市公司子公司基本情况统计表主要包括统计年度、证券代码、子公司名称和注册地址等基本信息。长三角区域制造业上市公司的异地投资数据集的清洗和构建的具体过程如下：① 根据上市公司基本信息，筛选出注册地在长三角区域的样本数据；② 按照行业代码，进一步筛选出制造业企业；③ 将制造业上市公司的基本情况与上市公司子公司数据按照统计年度和证券代码匹配；④ 识别出子公司注册地在长三角区域内的样本数据。由于子公司原始数据的大部分地址并不是在城市层面，因此需要手工整理。而对于地址信息不明或者缺失的样本，通过互联网查询公司详细信息并手工补充完整。

城市的各项经济指标主要来源于国研网的城市层面数据。部分缺失数据通过手工方式，从省份、城市的历年统计年鉴或统计公报中获取基础数据，经过计算获得。应用GDP平减指数，以2010年为基期剔除价格效应。此外，通过高德地图开放平台，根据城市的市政府所在地，获取城市的经纬度并应用航海距离测算中常用的大圆距离公式估计得到城市间距离。各个指标的描述性统计结果见表9-1。

表9-1 主要变量的描述性统计

变量	名称	N	mean	sd	min	max
g	经济增长率	369	0.097 1	0.026	-0.004	0.182
$lngy$	地区生产总值	369	11.750	1.334	5.161	13.790
$lnfi$	企业异地进入	369	3.079	1.115	0.000	6.544
$lnafi$	其他城市企业异地进入均值	369	3.079	0.512	2.241	3.933
$lnmsi$	市场一体化指数	369	11.500	0.387	10.500	12.550
$lnamsi$	其他城市市场一体化指数均值	369	11.500	0.217	11.170	11.950
fi_msi	企业异地进入与市场一体化指数交互项	369	35.470	13.130	0.000	80.540
$lnem$	劳动投入	369	3.975	0.950	1.960	6.594
$lnfa$	资本投入	369	11.590	0.939	3.341	13.180
$lnpd$	要素禀赋	369	6.363	0.526	4.979	7.743

续表

变量	名称	N	mean	sd	min	max
lnaw	要素成本	369	185.000	106.700	1.000	369.000
lnfe	发展政策	369	9.874	1.155	3.497	12.240
sr	经济结构	369	48.860	7.339	29.800	74.730
lnlo	信贷投入	369	12.040	1.155	9.867	15.860
lnfdi	地区开放	369	6.322	1.249	3.625	9.582

第三节 基本估计分析

一、基本估计结果讨论

使用工具变量法的前提是模型存在内生解释变量,且工具变量满足相关性和排他性约束。根据前述工具变量设定的说明,本章选择其他城市企业异地进入均值对数和其他城市市场一体化均值对数两个变量分别作为本地城市企业异地进入和本地城市市场一体化两个内生解释变量的工具变量。2SLS(两阶段最小二乘法)模型第一阶段回归的结果表明,本章选择的工具变量满足相关性和排他性约束的要求。从表9-2中的数据可以看出,工具变量的回归系数显著,说明满足相关性要求;无论是否考虑控制变量,工具变量的回归系数都没有发生明显变化,说明满足排他性约束。进一步看,在基本模型估计结果的表9-3中,DWH值都较大,p值都在1%水平上拒绝解释变量外生,表明模型存在内生性问题,说明本章设定的工具变量有效;KRF统计量显著大于通用的判断临界值10,结果表明不存在弱工具变量问题。

表 9-2　2SLS 第一阶段回归结果(样本量 $N=369$)

变量		lnfi		lnmsi	
		(1)	(2)	(3)	(4)
工具变量	lnafi	0.994***	1.021***	—	—
		(36.96)	(18.72)	—	—
	lnamsi	—	—	0.973***	0.957***
		—	—	(16.75)	(11.73)
控制变量		NO	YES	NO	YES
固定效应		YES	YES	YES	YES
F-test		127.67***	28.96***	8.90***	5.78***

注:括号中为 z 统计量。

模型的基本估计结果见表 9-3,列(1)到(3)分别报告了在考虑控制变量的情况下,逐步引入解释变量回归的结果。列(1)引入企业异地进入为解释变量的回归结果,系数显著为正,表明在不考虑其他因素的情况下,企业异地进入能够显著促进城市的经济增长。列(2)引入市场一体化为解释变量的回归结果,系数显著为正,表明在不考虑其他因素的情况下,市场一体化能够显著促进城市的经济增长。列(3)同时引入企业异地进入和市场一体化两个核心解释变量及其交互项,回归结果表明,企业异地进入和市场一体化的系数都显著为正,且相较于单一因素的考察系数都变大了,这表明二者都显著促进了城市经济增长;交互项的系数为负且显著,表明企业异地进入与市场一体化存在一定程度的替代效应,验证了假说 1。

表 9-3　基本模型的估计结果

变量	(1)	(2)	(3)
	g	g	g
lnfi	0.033***	—	0.046**
	(9.34)	—	(2.13)
lnmsi	—	0.013**	0.021***
	—	(2.38)	(3.23)
fi_msi	—	—	−0.005**
	—	—	(−2.38)

续表

变量	(1) g	(2) g	(3) g
lnem	-0.003 (-0.85)	-0.006* (-1.69)	0.009*** (3.43)
lnfa	-0.002 (-1.12)	0.000 (0.07)	-0.001 (-0.84)
lnpd	0.029 (1.22)	-0.005 (-0.22)	0.024 (1.39)
lnaw2	0.000*** (2.79)	-0.000 (-0.41)	0.000*** (3.10)
lnfe	0.016** (2.39)	-0.001 (-0.20)	0.009* (1.97)
sr	0.000 (0.81)	0.002*** (6.39)	-0.000 (-0.70)
lnlo	-0.015*** (-3.38)	-0.033*** (-8.87)	-0.010** (-2.36)
lnfdi	0.004 (1.46)	-0.000 (-0.06)	0.002 (1.13)
常数项	0.006 (0.04)	0.604*** (3.68)	0.206 (1.28)
样本量	369	369	369
固定效应	YES	YES	YES
R^2	0.590	0.621	0.084
DWH	186.938***	45.279***	174.184***
KRF	227.702***	135.431***	30.655***

注:括号中为 z 统计量。

二、内生性讨论与稳健性检验

本章的实证部分采用 2SLS 模型,选择其他城市企业异地进入均值对数和其他城市市场一体化均值对数两个变量分别作为本地城市企业异地进入和本地城市市场一体化两个内生解释变量的工具变量,基本克服了变量内生性的影响。

为了验证基本模型估计结果的稳健性,本章使用城市的地区总产出水平值替换城市地区生产总值的增长率,采用相同的模型设置并逐步引入变量策略,得到的估计结果见表9-4的列(1)到(3)。稳健性检验的结果表明,在替换了经济增长相关指标后,企业异地进入和市场一体化及二者的交互项的系数虽然变大,但依然显著,都与基本模型的估计结果表现保持一致。因此,总的来说,基本模型的估计结果具有良好的稳健性。

表9-4 稳健性检验估计结果

变量	(1) $lngy$	(2) $lngy$	(3) $lngy$
$lnfi$	0.040*** (2.98)	— —	0.048*** (7.05)
$lnmsi$	— —	0.035* (1.86)	0.047*** (2.69)
fi_msi	— —	— —	-0.015*** (-8.43)
$lnem$	0.029** (2.22)	0.037*** (2.77)	0.523 (0.05)
$lnfa$	0.001 (0.11)	-0.001 (-0.18)	0.509** (2.04)
$lnpd$	-0.058 (-0.63)	0.032** (2.35)	-11.162 (-0.04)
$lnaw2$	-0.000 (-0.63)	0.000 (0.08)	-0.002 (-0.05)
$lnfe$	0.028 (1.10)	0.050** (2.09)	-1.825** (-2.04)
sr	0.002 (1.51)	-0.002 (-1.11)	0.105 (0.04)
$lnlo$	0.031* (1.87)	0.061*** (4.12)	1.253* (1.97)
$lnfdi$	0.033*** (3.02)	0.035*** (3.29)	0.683 (0.04)
常数项	10.916***	10.428***	379.552**

续表

变量	(1)	(2)	(3)
	lngy	lngy	lngy
常数项	(15.96)	(15.85)	(2.14)
样本量	369	369	369
固定效应	YES	YES	YES
R^2	0.2061	0.2028	0.2825
DWH	70.803**	31.149***	13.600***
KRF	227.702***	135.431***	65.253***

注：括号中为 z 统计量。

第四节　异质性分析

一、时期异质性

2016年，国家发展和改革委员会发布了《长江三角洲城市群发展规划》（规划期为2016—2020年），第一次将长三角区域覆盖到"三省一市"区域，可以看作最新的长三角一体化纲要的雏形版本。由此，本章将观测样本时间分为2010—2015年和2016—2018年两个时期，考察企业异地进入和市场一体化在不同时期的增长效应特征差异并对相应的政策做出初步评价。

分时段的回归结果见表9-5中的"2010—2015"列和"2016—2018"列。结果表明，两个时间段的企业异地进入与市场一体化及其交互项的回归系数符号和显著性与基本模型估计结果相一致，进一步验证了基本估计结果的稳健性。比较两个时段的系数大小后发现，在规划发布后，企业异地进入和市场一体化及其交互项系数的绝对值都变大了，表明区域一体化政策放大了二者的增长效应的同时，也加剧了二者的替代效应。

二、区位异质性

规划纲要将长三角区域城市分为中心区城市①和非中心区城市,形成了政策性中心—外围格局。据此,本章进一步从中心地区城市和外围地区城市的角度分别考察企业异地进入和市场一体化的增长效应。

区位异质性分析的回归结果见表9-5中的最后两列。结果表明,中心地区城市群的企业异地进入与市场一体化及二者交互项系数表现出与全样本的基本模型估计一致的特征。但是外围城市的企业异地进入抑制了城市经济增长,表明产生了"虹吸"现象,即由于市场分割,异地企业的进入产生了竞争挤出效应,会负向冲击外围城市的经济增长。市场一体化对外围城市经济增长的影响不显著。但是企业异地进入与市场一体化的交互作用,产生了显著的正向效应,表明二者协同促进了外围城市的经济增长,验证了假说2。

表9-5 时期异质性和区位异质性回归结果

变量	时期异质性		区位异质性	
	2010—2015	2016—2018	中心城市	外围城市
	g	g	g	g
$lnfi$	0.054*	0.055*	0.041*	-3.716**
	(1.67)	(1.69)	(1.75)	(-2.14)
$lnmsi$	0.019**	0.022**	0.028***	-1.288
	(2.26)	(2.22)	(3.84)	(-0.76)
fi_msi	-0.005*	-0.006*	-0.004**	0.278*
	(-1.82)	(-1.67)	(-1.99)	(1.93)
$lnem$	0.011***	-0.003	0.005*	-0.335
	(3.64)	(-0.90)	(1.92)	(-0.63)
$lnfa$	0.006	0.001	0.000	-2.663**
	(0.80)	(0.55)	(0.19)	(-2.09)
$lnpd$	0.023	-0.003	0.006**	-10.780**
	(1.07)	(-0.87)	(2.29)	(-2.37)

---

① 上海市,江苏省南京、无锡、常州、苏州、南通、扬州、镇江、盐城、泰州,浙江省杭州、宁波、温州、湖州、嘉兴、绍兴、金华、舟山、台州,安徽省合肥、芜湖、马鞍山、铜陵、安庆、滁州、池州、宣城等27个城市组成了中心区城市群。

续表

变量	时期异质性		区位异质性	
	2010—2015	2016—2018	中心城市	外围城市
	g	g	g	g
$lnaw2$	0.000*	-0.000***	0.000	0.003
	(1.83)	(-3.19)	(0.65)	(0.81)
$lnfe$	-0.005	0.002	0.002***	0.330
	(-1.01)	(1.14)	(3.36)	(0.43)
sr	0.000	-0.001**	-0.000**	0.275***
	(0.67)	(-2.47)	(-2.11)	(4.60)
$lnlo$	-0.010**	0.004	-0.017***	-2.214***
	(-2.43)	(1.22)	(-6.22)	(-2.98)
$lnfdi$	-0.005**	0.004**	0.001	0.208
	(-2.13)	(2.13)	(0.93)	(0.35)
常数项	0.167	-0.201	0.572***	135.442***
	(0.73)	(-1.27)	(6.39)	(3.52)
样本量	246	123	243	126
固定效应	YES	YES	YES	YES
R^2	0.853	0.797	0.809	0.780
DWH	123.668***	15.424***	101.916***	53.179***
KRF	17.602***	26.243***	30.160***	17.008***

注:括号中为 z 统计量。

第十章 环境规制、企业进入与经济增长

为探讨环境规制对企业进入和经济增长的影响的微观机制及其特征,通过引入环境规制变量,扩展熊彼特内生经济增长理论模型,提出环境规制强度与企业进入和经济增长水平之间都呈现倒"U"型特征的假说。中国工业企业微观数据为理论假说提供了经验证据。研究发现,受到环境规制的影响,企业进入水平的拐点早于经济增长水平的拐点。因此,环境规制的政策优化方向在于激发创新和节约成本;因地制宜,获取环境规制红利,同时注意少部分处于负向冲击的地区;坚持环境规制目标的多元取向,在激励创新促进经济长期增长和短期经济增长表现之间做出合理权衡。

第一节 理论分析与研究假说

一、理论基础

环境规制影响经济增长的理论模型主要有两类:一类是将环境因素化处理,在新古典经济增长模型或者内生经济增长模型中,将环境资源或污染等相关变量引入生产函数或效用函数,讨论最大化或者最优化问题(黄菁和陈霜华,2011);另一类是将环境因素部门化处理,在罗默模型中引入环境部门(黄茂兴和林寿富,2013),或者在熊彼特垂直创新模型中引入能源生产部门来研究创新和可持续增长(肖文和唐兆希,2011)。

对环境规制影响企业行为的研究主要关注环境规制与企业创新之间的关

系,形成了"遵循成本说""创新补偿说""双重效应"(张成等,2011;李平和慕绣如,2013;张平等,2016)等理论。企业在环境规制中会采取被动"制度规避"和主动"技术创新"的差异化行为,这取决于环境规制的力度,以及企业自身的禀赋和规制适应程度等先定条件,表现出不同的行业技术进步效应(李小平和李小克,2017)。事实上,环境规制与企业进入和经济增长之间的影响是一个长期、动态的过程。环境规制对企业产生约束的同时,也会产生激励,影响企业的进入决策。在研究企业进入影响经济增长的众多模型中,阿吉翁和豪伊特于1992年基于熊彼特的"创造性破坏"思想发展而来的内生经济增长理论模型最为典型,被称为"熊彼特内生经济增长理论"。克勒特和科图姆于2004年以微观企业创新为基础,拓展了该模型。阿吉翁等于2014年又对该模型做了简化,提炼出熊彼特内生经济增长模型核心框架并扩展了模型的应用范围(Aghion等,2016)。国内关于该模型的扩展应用中较为典型的代表是邵宜航和李泽扬(2017)分析空间集聚影响企业进入和经济增长问题的研究。

综合已有研究,本章认为它们存在两点不足:第一,理论研究多是将环境资源作为生产要素之一,或者将环境部门纳入新古典增长理论模型或者罗默内生经济增长模型,而将环境规制作为政策变量纳入理论模型的研究还较鲜见;第二,大部分研究关注环境规制对企业创新的影响,而对企业的决策行为考察不足。鉴于此,本章试图从两个方面做出边际贡献:第一,在熊彼特内生经济增长模型中引入环境规制政策变量,分析环境规制与企业进入和经济增长之间的微观机制及其特征,丰富已有的理论模型研究;第二,沿着理论分析框架逻辑,有别于既往的环境规制影响企业创新分析,本章着眼于对企业进入行为的影响分析。

二、机制分析

本章借鉴已有研究构建理论分析框架,将环境规制引入熊彼特内生经济增长模型,探究环境规制对企业进入和经济增长的影响,解释发现的特征并提出假说。本章理论分析模型构建的框架、思路和部分模块借鉴了2004年克勒特和科图姆、2014年和2016年阿吉翁等及2017年邵宜航和李泽扬的研究。

(一)家庭选择

假设经济由一个具有代表性的家庭组成:① t 时期消费唯一的最终产品 Y_t,价格为 P_t;② C_t 是最终产品消费数量,瞬时消费效用 $\ln C_t$;③ L_t 为劳动力供给,劳动力实现充分就业并受雇于四种用途,包括最终产品的生产 L_F、中间产品的生产 L_M、在位企业创新 L_I 和新进入企业研发创新雇佣劳动力 L_N;④ 工资率为 w_t,获得的工资收入为 $w_t L_t$;⑤ 持有经济的所有资产 K_t,$\dot{K}_t$ 为资产的新增投资,r_t 为资产回报率,获得股利支付 $r_t K_t$。家庭效用最大化应满足:

$$\begin{cases} \max_{C_t, L_t}(U) = \int_0^\infty e^{-\rho t}(\ln C_t - L_t) dt \\ st: C_t + \dot{K}_t = w_t L_t + r_t K_t \end{cases} \quad (10\text{-}1)$$

其中,U 为效用;st 为约束方程;ρ 是时间偏好率,$\rho > 0$。此外,我们将最终产品的价格标准化为 $P_t = 1$,而不损失一般性。效用函数为对数函数,解析家庭效用最大化问题,可得家庭的欧拉方程(Aghion 等,2014):$g_t = r_t - \rho$,g_t 为增长率。

(二) 企业生产

模型设定有两个生产部门,即最终产品生产部门和中间产品生产部门。

1. 最终产品

假设经济中唯一的最终产品 Y_t 是利用多样化的中间产品组合 M_t、资本 K_t 及劳动 L_F 按规模报酬不变的柯布-道格拉斯生产函数技术生产:$Y_t = M_t^\alpha K_t^\beta L_F^{1-(\alpha+\beta)}$。为了研究问题更简便,关注环境规制问题的讨论,通过令 $\alpha = 1$ 和 $\beta = 0$,隐去资本和劳动。设定最终产品 Y_t 生产于完全竞争市场,通过中间产品组合的 M_t 一对一线性生产(Aghion 等,2014),最终,生产函数可简化为:

$$Y_t = M_t \quad (10\text{-}2)$$

2. 中间产品

参考格罗斯曼和埃尔普曼 1991 年的研究,将熊彼特生产函数扩展到多种中间产品部门的一个简单方法是,假设中间产品是根据对数生产函数,使用连续的中间投入来生产的,即中间产品组合 M_t 本身是按照 CES 生产函数聚合生产的(Aghion 等,2016),如下所示:

$$\ln M_t = \int_0^1 \ln m_t(i) di \quad (10\text{-}3)$$

其中,$m_t(i)$ 是中间产品线 i 的产量,且生产线 i 是唯一的,因为处于同一产品线的企业遵从伯川德竞争,由最后的创新者垄断生产。

在 t 时刻,总共有 L_M 的劳动力投入多样化的中间产品的生产,则第 i 种中间产品投入的劳动力为 $l_t(i)$，即 $L_M = \sum_1^i l_t(i)$。第 i 种中间产品的生产是劳动投入 $l_t(i)$ 按照线性工艺生产，用 $q_t(i)$ 表示第 i 种中间产品生产线的质量，也表示生产率（Aghion 等，2016）。因此，中间产品 i 的生产函数为：

$$m_t(i) = q_t(i) l_t(i) \tag{10-4}$$

由此，可以得到中间产品生产的边际成本为：

$$MC_t(i) = \frac{w_t}{q_t(i)} \tag{10-5}$$

（三）环境规制

根据理论分析，政府的环境规制活动对企业的行为产生两种效应：第一，环境规制成本效应，即对环境进行保护，比如制定环境保护法、排污权拍卖、征收环保税等，会增加企业的生产成本；第二，环境规制创新激励效应，即企业试图规避环境规制约束的动机，会激励其开展节约成本的创新活动。设环境规制强度为 $\theta(0 < \theta < 1)$，环境规制成本效应为 $\varphi_t(\theta)$，且满足 $\frac{\partial \varphi_t(\theta)}{\partial \theta} > 0$，意味着随着环境规制强度的上升，企业成本将增加，用 $\varphi_t(\theta) Y_t$ 表示环境规制成本；环境规制创新激励效应为 $\eta_t(\theta)$，且满足 $\frac{\partial \eta_t(\theta)}{\partial \theta} > 0$，意味着随着环境规制强度的上升，企业创新积极性将上升。

（四）技术创新

该模型中，企业被定义为一系列生产线的集合。企业已有生产线数量为 n，表示企业的知识储备，并且 $n \in \mathbf{Z}_+$。企业创新成功 $(n+1)$，意味着增加了生产线，扩大了中间产品生产空间，知识储备也增加了。而企业生产线被其他创新者取代 $(n-1)$，意味着丢失了生产线，产品空间缩小，知识储备也随之减少。最终，当 $n=0$ 时，企业退出市场。

企业通过创新增加新的生产线，提高知识储备量，以获得竞争优势，增加利润并提升企业价值。设在位企业根据柯布-道格拉斯生产函数进行创新产出，环境规制强度为 $\theta(0 < \theta < 1)$，应用所积累的现有知识储备 n 和雇佣劳动力 L_I 从事研发，创新产出，呈现泊松分布的特征，形成了创新泊松流：

$$Z_I = \eta_t(\theta) n^{1-\lambda} \left(\frac{L_I}{\sigma}\right)^\lambda \tag{10-6}$$

其中，Z_I 是企业在已有生产线中随机的创新泊松流；$\lambda(0 < \lambda < 1)$ 是科研人员创

新产出弹性;σ 是规模参数。为了分析简便,借鉴阿吉翁等于 2016 年的做法,令 $\lambda = \frac{1}{2}$,可得研发创新的成本函数:

$$C(Z_I, n, \theta) = w_t L_I = \sigma w_t n \left(\frac{\chi}{\eta_t(\theta)} \right)^2 \quad (10\text{-}7)$$

其中,$\chi = \frac{Z_I}{n}$,为在位企业的创新强度(Aghion 等,2014;2016)。由于创新具有随机性,因此,成功的创新是没有确定的方向的,在时间间隔 dt 内以相同的泊松概率 $[0,1]$ 实现。企业在创新时发生了两件事:第一,企业创新成功,以泊松概率 $Z_I dt$ 扩展出新的生产线 j,生产出新的中间产品 m_j,其生产线数量扩展为 $n+1$,生产率也会从 $q_t(i)$ 提高到 $q_t(j) = \gamma q_t(i)$,$\gamma(\gamma > 1)$ 表示企业技术进步幅度;第二,企业已有的 n 条生产线,每一条都受到新进入企业和其他在位企业的以概率 x 造成的"创造性破坏",所以其生产线数量以 $nxdt$ 的概率减少到 $n-1$。

(五)企业进入与退出

假设经济中,中间产品部门有大量的潜在的进入者。新进入企业通过雇佣创新劳动力 L_N 来产生创新,进入速率为 Z_N:

$$Z_N = \eta_t(\theta) \phi L_N \quad (10\text{-}8)$$

其中,ϕ 是固定的进入成本参数,一般成本会形成对进入的阻碍,因此,$0 < \phi < 1$。一个创新成功的进入企业随机捕获 1 条产品线并以 $\gamma(\gamma > 1)$ 提高其生产率。我们用 $V(1)$ 来表示其企业价值。而未进入中间产品部门的企业,或者一个在位企业失去所有生产线,其企业价值为 V^{out}。因此,企业进入与退出的平衡条件可以写成:

$$rV^{out} = \max_{Z_N} \left\{ Z_N \left[(V_t(1) - V^{out}) - \frac{w_t}{\phi \eta_t(\theta)} \right] \right\} \quad (10\text{-}9)$$

其中,$Z_N \frac{w_t}{\phi \mu_t}$ 为进入者的瞬时成本流。进入成功后,企业价值的变化为 $V_t(1) - V^{out}$,其发生速率为 Z_N。该函数反映了潜在进入者是否创新进入的决策条件。

(六)一般均衡

综合前述家庭选择、企业生产和环境规制的设定,以及关于企业技术创新和进入、退出的平衡条件,可以讨论理论模型设定的一般均衡状态。

1. 企业利润最大化

在最终产品生产是完全竞争的情况下,考察处于垄断地位的中间产品 i 的

利润 $\pi_t(i)$，为企业运营利润减去环境规制的成本效应得到。

$$\pi_t(i) = m_t(i)[p_t(i) - MC_t(i)] - \varphi_t(\theta)Y_t \quad (10\text{-}10)$$

根据欧拉定理，最终产品根据中间产品的边际产量支付对应的价格，该经济体对中间产品支付的价格为 $P_tM_t = Y_t$。进一步分析，中间产品的对数聚合意味着每个品种的支出是相同的。因此，对第 i 种中间产品的需求为：

$$m_t(i) = \frac{Y_t}{p_t(i)} \quad (10\text{-}11)$$

伯川德竞争限制每条产品线 i 的定价，这意味着当前创新者的产品价格为更早创新者的边际成本的 γ 倍，因此(10-10)可以被简化为：

$$\pi_t = \left[\frac{\gamma - 1}{\gamma} - \varphi_t(\theta)\right]Y_t \quad (10\text{-}12)$$

将式(10-12)进一步处理，可得：

$$\frac{\pi_t}{Y_t} = \frac{\gamma - 1}{\gamma} - \varphi_t(\theta) \quad (10\text{-}13)$$

式(10-13)左侧为中间产品行业的利润率，右侧为其表达式，表明技术进步率能提高企业利润率，而环境规制强度会抑制企业利润率。

2. 最优创新决策

为了分析最优创新决策，参考阿吉翁等2016年的研究，使用哈密顿－雅各比－贝尔曼方程表示有 n 条产品线的企业的价值函数：

$$rV_t(n) - \dot{V}_t(n) = \max_{\chi}\left\{\begin{array}{l} n\left[\pi_t - \sigma w_t\left(\frac{\chi}{\eta_t(\theta)}\right)^2\right] \\ + Z_1 n[V_t(n+1) - V_t(n)] \\ + \mu n[V_t(n-1) - V_t(n)] \end{array}\right\} \quad (10\text{-}14)$$

这个函数表示左边的瞬时安全收益等于右边的风险预期收益。右边的第一项是企业的瞬时税后营业利润，等于瞬时总利润 $n\pi_t$ 减去瞬时的创新成本支出 $\sigma w_t n\left(\frac{\chi}{\eta_t(\theta)}\right)^2$。右边的第二项中，在位企业的创新速度为 $Z_1 n$，价值增加 $V_t(n+1) - V_t(n)$。同样，右边的第三项表示该企业的产品线也在以速度 μn 丢失，在这种情况下，企业价值改变 $V_t(n-1) - V_t(n)$，其中 $\mu = Z_1 + Z_N$，即在位企业和进入企业的创新率之和。

以上为消费者选择和企业选择的讨论。式(10-9)和式(10-14)两个泛函方程是关于进入企业和在位企业的创新决策条件，简洁地描述了企业进入与退出的动态及其价值变动。环境规制的成本效应和创新效应对企业的创新、进入与退出决策产生了不同的影响。

三、研究假说

（一）环境规制与经济增长

借鉴邵宜航和李泽扬（2017）的研究,在均衡状态下,将考察环境规制影响的在位企业和进入企业的创新率分别表示为式（10-15）和式（10-16）：

$$Z_I = \frac{1}{\phi}\eta(\theta) \tag{10-15}$$

$$Z_N = \left\{\left[\frac{\gamma-1}{\gamma}-\varphi(\theta)\right]\phi - \frac{1}{2\phi}\right\}\eta(\theta) - \rho \tag{10-16}$$

由此,可得经济的总体创新率为：

$$\mu = \left\{\left[\frac{\gamma-1}{\gamma}-\varphi(\theta)\right]\phi + \frac{1}{2\phi}\right\}\eta(\theta) - \rho \tag{10-17}$$

在阿吉翁等 2016 年的研究中,将经济增长率表示为：

$$g = \mu \ln \gamma \tag{10-18}$$

式（10-18）表明,经济增长率由总体创新率 μ 和创新幅度 γ 决定,当创新的幅度 γ 一定时,经济的增长率即总体创新率。将式（10-17）代入式（10-18）进行进一步处理,可得到考虑了环境规制的经济增长率表达式：

$$g = \left\{\left[\frac{\gamma-1}{\gamma}-\varphi(\theta)\right]\phi\eta(\theta) + \frac{\eta(\theta)}{2\phi} - \rho\right\}\ln\gamma \tag{10-19}$$

为了考察环境规制强度对经济增长的影响,对式（10-19）的环境规制强度 θ 求偏导：

$$\frac{\partial g}{\partial \theta} = \left\{\left[\left(\frac{\gamma-1}{\gamma}-\varphi(\theta)\right)\phi + \frac{1}{2\phi}\right]\frac{\partial \eta(\theta)}{\partial \theta} - \phi\eta(\theta)\frac{\varphi(\theta)}{\theta}\right\}\ln\gamma \tag{10-20}$$

式（10-20）左侧的 $\frac{\partial g}{\partial \theta}$ 表示经济增长率受到环境规制强度影响的弹性,右侧大括号中第一项 $\left[\left(\frac{\gamma-1}{\gamma}-\varphi(\theta)\right)\phi + \frac{1}{2\phi}\right]\frac{\partial \eta(\theta)}{\partial \theta}$ 表示环境规制创新效应对经济增长的贡献；右侧大括号中第二项 $-\phi\eta(\theta)\frac{\varphi(\theta)}{\theta}$ 表示环境规制的成本效应对经济增长的抑制。也就是说,经济增长受到环境规制的成本效应和创新效应的综合影响。

为了进一步简化讨论并遵循边际成本递增和边际激励效应递减的原则,将两种效应函数设定为简单的具体化形式。设环境规制的成本效应函数为:

$$\varphi(\theta) = \theta^a, a > 1 \qquad (10\text{-}21)$$

随着技术水平的提高,创新的难度将逐渐提高,环境规制的激励效应呈现递减的特征,因此,设其函数为:

$$\eta(\theta) = \theta^b, 0 < b < 1 \qquad (10\text{-}22)$$

将式(10-21)和式(10-22)代入式(10-20)并简化得到:

$$\frac{\partial g}{\partial \theta} = \phi \theta^{b-1} \left[\left(\frac{\gamma - 1}{\gamma} + \frac{1}{2\phi^2} \right) b - (a+b)\theta^a \right] \ln \gamma \qquad (10\text{-}23)$$

由式(10-23)可知,经济增长率达到极值时,右侧等于零,即:

$$\left(\frac{\gamma - 1}{\gamma} + \frac{1}{2\phi^2} \right) b - (a+b)\theta^a = 0 \qquad (10\text{-}24\text{a})$$

解析式(10-24a),可得:

$$\theta^* = \left[\frac{\left(\frac{\gamma - 1}{\gamma} + \frac{1}{2\phi^2} \right)^b}{(a+b)} \right]^{\frac{1}{a}} \qquad (10\text{-}24\text{b})$$

为了判断式(10-24b)属于极大值还是极小值,对式(10-19)的环境规制强度 θ 求二阶偏导数,可得:

$$\frac{\partial^2 g}{\partial \theta^2} = \phi \theta^{b-2} \left[\left(\frac{\gamma - 1}{\gamma} + \frac{1}{2\phi^2} \right) b(b-1) - (a+b)(a+b-1)\theta^a \right] \ln \gamma \qquad (10\text{-}25\text{a})$$

根据两个环境规制效应函数的形式中 $a>1$ 和 $0<b<1$ 的特征假定,可以判定:

$$\left(\frac{\gamma - 1}{\gamma} + \frac{1}{2\phi^2} \right) b(b-1) - (a+b)(a+b-1)\theta^a < 0 \qquad (10\text{-}25\text{b})$$

因此,式(10-24b)即经济增长率达到极大值 g^* 时的环境规制强度 θ^*。

假说1:环境规制强度 θ 与经济增长率 g 之间存在倒"U"型关系,即在环境规制强度为式(10-24b)所示的 $\theta = \theta^*$ 时,经济增长率达到最大,为 g^*;当 $\theta < \theta^*$ 时,经济增长率 g 随着环境规制强度递增而递增;当 $\theta^* < \theta$ 时,经济增长率 g 随着环境规制强度递增而递减。

(二) 环境规制与企业进入

熊彼特内生经济增长理论的"创造性破坏"机制发生的关键在于企业的创新、进入和退出的动态,其中创新的发生与企业进入是"一个硬币的两面",这隐含的假设是二者相等(Aghion 等,2014)。因此,为了简便讨论环境规制对企业进入的影响,分别将式(10-21)和式(10-22)两个环境规制效应函数代入两类创新率函数,即式(10-15)和式(10-16)。

将式(10-22)代入式(10-15),可得:

$$Z_I = \frac{1}{\phi}\theta^b \qquad (10\text{-}26a)$$

对式(10-26a)的环境规制强度 θ 求一阶导数和二阶导数可得:

$$\frac{\partial Z_I}{\partial \theta} = \frac{1}{\phi}b\theta^{b-1} > 0 \qquad (10\text{-}26b)$$

$$\frac{\partial^2 Z_I}{\partial \theta^2} = \frac{1}{\phi}b(b-1)\theta^{b-2} < 0 \qquad (10\text{-}26c)$$

由式(10-26b)和式(10-26c)可以判定,在位企业的创新率随着规制强度的递增而递增,但是递增速度呈现收敛的特征。

将式(10-21)和式(10-22)代入式(10-16),可得:

$$Z_N = \left[\left(\frac{\gamma-1}{\gamma} - \theta^a\right)\phi - \frac{1}{2\phi}\right]\theta^b - \rho \qquad (10\text{-}27a)$$

对式(10-27a)中的环境规制强度 θ 求一阶偏导数和二阶偏导数可得:

$$\frac{\partial Z_N}{\partial \theta} = \phi\theta^{b-1}\left[\left(\frac{\gamma-1}{\gamma} - \frac{1}{2\phi^2}\right)b - (a+b)\theta^a\right] \qquad (10\text{-}27b)$$

$$\frac{\partial^2 Z_N}{\partial \theta^2} = \phi\theta^{b-2}\left[\left(\frac{\gamma-1}{\gamma} - \frac{1}{2\phi^2}\right)b(b-1) - (a+b)(a+b-1)\theta^a\right] \qquad (10\text{-}27c)$$

由 $a>1$ 和 $0<b<1$ 的条件和式(10-27c)可以判定:

$$\left(\frac{\gamma-1}{\gamma} - \frac{1}{2\phi^2}\right)b(b-1) - (a+b)(a+b-1)\theta^a < 0 \qquad (10\text{-}28)$$

由式(10-27b),可得企业进入率达到最大时的环境规制强度 θ_N^*:

$$\theta_N^* = \frac{\left(\frac{\gamma-1}{\gamma} - \frac{1}{2\phi^2}\right)b}{a+b} \qquad (10\text{-}29)$$

假说2:环境规制强度 θ 与企业进入率 Z_N 之间存在倒"U"型关系,即在环境规制强度为式(10-29)所示的 $\theta = \theta_N^*$ 时,企业进入率达到最大,为 Z_N^*;当 $\theta < \theta_N^*$ 时,企业进入率 Z_N 随着环境规制强度递增而递增;当 $\theta_N^* < \theta$ 时,企业进入率 Z_N 随着环境规制强度递增而递减。

第二节 实证分析设计

一、计量模型

根据理论分析的两个假说,本章借鉴分析环境与经济增长问题时被广泛采用的库兹涅茨曲线模型(张成等,2011),并且考虑相关控制变量,将计量模型设置如下:

$$y_{it} = \beta_0 + \beta_1 er_{it} + \beta_2 er_{it}^2 + BX_{it} + \phi_t + \varphi_i + \varepsilon_{it} \qquad (10\text{-}30)$$

其中,下角标 i 代表区域;下角标 t 代表年份;y_{it} 为被解释变量;er_{it} 表示环境规制强度;B 为控制变量系数集合;X_{it} 为控制变量集;ϕ_t 和 φ_i 分别代表时间和地区的固定效应;ε_{it} 为随机误差项。根据理论分析结论,当存在倒"U"型关系时,β_1 应该为正,而 β_2 应该为负。

二、指标解释

经济增长是模型的核心被解释变量,用工业企业就业人均产值增长率(aor_{it})衡量,由各个地区工业总产值和年平均就业人数计算得到。同时,计算地区工业总产值增长率(r_{it})用于稳健性检验。

企业进入率(fer_{it})是指统计年新进入企业数量占当年企业数量的比率。关于企业进入率的估计,本章采用李坤望和蒋为(2015)的做法,将新进入企业定义为第一次出现在工业企业数据库的企业,用其数量占当年企业数量的比率来估计企业进入率。具体计算方法为:$fer_{it} = \dfrac{nf_{it}}{tf_{it}}$,其中,下角标 i 表示区域;t 表示年份;fer_{it} 表示 i 区域 t 年份新进入企业比率;tf_{it} 表示 i 区域 t 年份企业的数量;nf_{it} 表示 i 区域 t 年份进入企业的数量。

环境规制强度(er_{it})是一个综合概念,反映了政府一揽子环境规制的影响。已有研究应用治污投资占企业总成本或产值的比重、污染排放量变化、治污设施运行费用占工业产值的比重等多种方法度量环境规制强度(张成等,2011;沈能,2012;李小平和李克,2017;宋德勇和赵菲菲,2018)。企业和社会为应对环境规制,需要把部分资源分配到环境治理上,作为成本的一部分,同时考虑到数据的可得性和连续性,本章采用环境污染治理投资与工业企业总产值的比值作为环境规制强度的代理变量。

控制变量集合(X_{it})是本章所考虑的控制变量,都将就业人数或企业数量进行平均化处理。工业企业规模用企业平均就业人数(em_{it})和企业平均资产总额(ta_{it})表示,分别用工业企业就业人数总和与资产总和除以工业企业数量得到。区域经济发展水平(gdp_{it})以人均GDP水平衡量。地区服务业(scr_{it})与工业企业相互共生,是制造业发展的重要支撑,经验表明地区服务业能促进创新和经济增长。因此,本章选择第三产业增加值占地区总产出的比重作为服务业发展水平的衡量指标。地区创新水平(pr_{it})对于促进地方经济发展、应对环境规制活动具有积极的作用。本章用企业平均专利申请数量表示地区创新水平。地区对外开放程度(ei_{it})与地区的技术创新活动和效率密切相关。地区的开放程度越高,越有利于接受外部知识溢出并高效吸收,促进各种创新要素的集聚,从而提高创新绩效。本章用工业企业平均进出口贸易额作为衡量对外开放程度的核心指标。

三、数据说明

本章研究数据主要来源于中国工业企业数据库、《中国工业统计年鉴》、《中国环境统计年鉴》和中国专利数据库(知网版),时间范围为2003—2013年,并且以2003年为基期。工业企业数据的清洗参考已有研究(聂辉华等,2012;嵇正龙和宋宇,2020),选择大于0的工业产值、资产总值、固定资产、实收资本和所有者权益等关键指标,就业人数大于或等于8人的企业构建分析样本数据集。然后,使用企业的法人代码和企业名称双向进行匹配,去掉重复的部分,并且利用企业法人代码匹配的方法来识别在位企业、新进入企业和退出企业,估计工业企业进入率。此外,综合跨库数据的可得性和完整性,样本中未包含西藏和港澳台地区。

基于样本数据集,在控制其他变量的情况下,通过可视化探索发现,环境规制强度与工业企业就业人均产值增长率和工业企业进入率之间存在明显的非线性关系,并且直观呈现倒"U"型特征(图10-1、图10-2)。散点图和拟合曲线的可视化处理所反映的特征规律与理论假说基本一致。本章将进一步应用式(10-30)的计量模型和计算整理出的样本数据集来验证理论假说成立与否估计拐点处的环境规制强度。

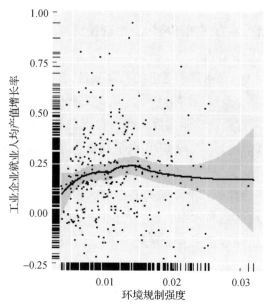

图 10-1 环境规制强度、工业企业就业人均产值增长率的散点图和拟合曲线

数据来源:作者根据《中国工业统计年鉴》《中国环境统计年鉴》计算,利用 ggplot2 绘图工具包绘制得到。

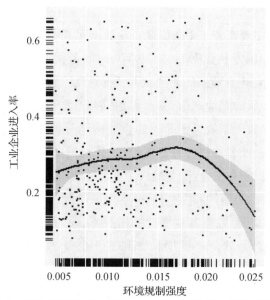

图 10-2 环境规制强度与工业企业进入率的散点图和拟合曲线

数据来源:作者根据《中国工业统计年鉴》、《中国环境统计年鉴》和中国工业企业数据库计算,利用 ggplot2 绘图工具包绘制得到。

第三节 实证结果分析

一、计量结果分析

被解释变量分别为工业企业就业人均产值增长率和企业进入率。表10-1报告了基本回归结果、效应选择、环境规制强度拐点及截距项和 R^2,有力地证明了理论分析得到的假说1和假说2。

(一)未考虑企业进入

估计1和估计2的结果表明环境规制强度及其二次项系数都至少在10%的水平上显著不为0,前者的系数为正,后者的系数为负,即环境规制强度与工业企业就业人均产值增长率存在显著的倒"U"型关系。经过计算可得,环境规制强度对工业企业就业人均产值增长率产生影响的拐点值分别为0.015 0和0.013 3。

(二)考虑企业进入

估计3和估计4的结果考虑了企业进入,可以得到与估计1和估计2相同的结论。经过计算可得,环境规制强度对工业企业就业人均产值增长率产生影响的拐点值分别为0.015 2和0.013 8。估计5和估计6的结果反映企业进入率与环境规制之间也呈现倒"U"型关系。经过计算可得,环境规制强度对企业进入率产生影响的拐点值分别为0.013 7和0.012 3。

因此,无论是否考虑企业进入,环境规制与经济增长之间呈现显著的倒"U"型关系,与理论分析的假说1一致。但是在考虑了企业进入的情况下,由拐点值的计算结果可以发现,环境规制强度对经济增长影响的拐点相较于未考虑企业进入时出现明显滞后。同时,环境规制强度与企业进入之间也呈现显著的倒"U"型关系,与理论分析的假说2一致。拐点的环境规制强度值集中在环境规制强度取值的65%~75%分位点范围内,并且企业进入的拐点的出现要早于经济增长的拐点的出现。

表 10-1　环境规制对工业企业就业人均产值增长率和工业企业进入率的影响

变量	工业企业就业人均产值增长率				企业进入率	
	估计1	估计2	估计3	估计4	估计5	估计6
er_{it}	17.068 2* (1.909 1)	20.774* (1.817 1)	15.752 1* (1.757 9)	13.978* (1.779 1)	6.011 4** (2.058 6)	5.393 7* (1.793 5)
er_{it}^2	-567.691 1* (-1.820 8)	-781.37** (-2.115 1)	-518.409 1* (-1.657 7)	-508.10* (-1.886 4)	-218.795 4** (-2.151 6)	-219.99** (-2.138 6)
fer_{it}	—	—	0.122 2* (1.740 2)	0.293 8* (1.916 2)	—	—
$\ln em_{it}$	—	-0.046 0*** (-3.098 1)	—	-0.015 76* (-1.750 2)	—	-0.005 3 (-1.528 7)
$\ln ta_{it}$	—	0.078 92** (2.363 2)	—	0.028 13 (1.645 4)	—	-0.004 6 (-0.704 6)
$\ln gdp_{it}$	—	-0.169 4*** (-5.588 3)	—	-0.141 3*** (-5.677 5)	—	-0.007 9 (-0.829 2)
scr_{it}	—	0.075 9*** (3.676 9)	—	0.495 6*** (3.555 2)	—	-0.013 4 (-0.250 4)
$\ln pr_{it}$	—	0.020 1** (2.039 7)	—	-0.007 7* (-1.891 0)	—	-0.000 04 (-0.013 5)
$\ln ei_{it}$	—	-0.008 1* (-1.762 7)	—	0.010 5 (1.301 6)	—	0.001 4 (1.229 4)
效应选择	个体随机	个体固定	个体随机	时间固定	时间固定	时间固定
规制拐点	0.015 0	0.013 3	0.015 2	0.013 8	0.013 7	0.012 3
截距项	0.092 5 (1.638 0)	—	0.064 9 (1.097 5)	—	—	—
R^2	0.011 9	0.231 2	0.019 6	0.218 6	0.015 6	0.034 7

数据来源：作者根据国研网数据库、中国工业企业数据库的数据，使用 R 语言 3.6.1 版本整理、计算而得到。

注：括号内的数值为 t 值，标有"***""**""*"的分别表示1%、5%、10%的显著性水平。

二、内生性讨论与稳健性检验

（一）内生性讨论

核心解释变量环境规制强度有可能存在内生性，因为经济的增长或者企业进入率较高的地区往往对优良的环境有较高的偏好,并且具有更强的能力进行环境治理投资,可能促使该地区的环境规制强度提高,即存在"反向因果关系"。本章采用变量时点法(Aghion 等,2016;邵宜航和李泽扬,2017)以检验上述经验分析是否存在反向因果关系。具体的做法如下:反转原时点,将原方程中的被解释变量和控制变量用其滞后一期替代,并且做同样的计量分析,以检验未来的自变量能否预测当期的因变量。表 10-2 的反向因果关系检验结果表明,在考虑了相同的控制变量集和效应选择的情况下,除了估计 14 的环境规制强度系数在 5% 水平显著,估计 13 和估计 15 的环境规制强度系数都不显著,并且 3 个估计中的环境规制强度的二次项系数都不显著。因此,无法确定经济增长和企业进入率对环境规制强度存在显著的反向因果关系,也就是说,基本可以忽略环境规制强度的内生性干扰。

表 10-2 反向因果关系检验结果

变量	工业企业就业人均产值增长率(滞后 1 期)	工业企业总产值增长率(滞后 1 期)	企业进入率(滞后 1 期)
	估计 13	估计 14	估计 15
er_{it}	7.783 4 (0.931 8)	10.773** (2.007 8)	7.752 8 (0.779 3)
er_{it}^2	-274.38 (-0.962 2)	-0.030 2 (-1.644 1)	-243.22 (-0.760 5)
fer_{it}(滞后 1 期)	0.260 5 (1.628 6)	0.224 2*** (5.072 6)	— —
$lnem_{it}$(滞后 1 期)	-0.012 5 (-1.336 6)	-0.003 2 (-0.519 2)	-0.005 5 (-0.401 3)
$lnta_{it}$(滞后 1 期)	0.031 0* (1.727 1)	-0.002 9 (0.241 4)	0.013 73 (0.442 1)
$lngdp_{it}$(滞后 1 期)	-0.148 0*** (-5.659 6)	0.010 41 (0.606 6)	-0.010 5 (-0.392 8)
scr_{it}(滞后 1 期)	0.516 0*** (3.539 2)	0.107 5 (1.128 9)	0.045 7 (0.322 4)
$lnpr_{it}$(滞后 1 期)	0.012 51 (1.478 2)	-0.000 9 (-0.325 6)	0.008 1 (0.923 2)

续表

变量	工业企业就业人均产值增长率（滞后1期）	工业企业总产值增长率（滞后1期）	企业进入率（滞后1期）
	估计 13	估计 14	估计 15
$lnei_{it}$（滞后1期）	-0.010 73** (-2.397 4)	-0.000 5 (0.081 8)	-0.001 5 (-0.343 0)
效应选择	时间固定	混合	时间固定
规制拐点	—	—	—
截距项	— —	-0.027 0 (-0.148 5)	— —
R^2	0.229 1	0.122 3	0.007 9

数据来源：作者根据国研网数据库、中国工业企业数据库的数据，使用 R 语言 3.6.1 版本整理、计算而得到。

注：括号内的数值为 t 值，标有"***""**""*"的分别表示 1%、5%、10%的显著性水平。

（二）稳健性检验

为检验实证结果的稳定性并进一步验证理论分析的假说，本章采用地区工业总产值增长率替换工业企业就业人均产值增长率，进行稳健性检验。表 10-3 中的六个估计，都是参照表 10-1 进行回归分析。稳健性检验的结果与实证分析所得到的变量关系特征和显著性水平相一致，进一步验证了理论分析的假说 1 和假说 2，且计量结果稳健。

表 10-3　稳健性检验结果

变量	地区工业总产值增长率				企业进入率	
	估计 7	估计 8	估计 9	估计 10	估计 11	估计 12
er_{it}	6.892 9** (2.293 1)	6.352 1** (2.032 2)	8.146 5* (1.729 2)	7.840 7* (1.707 5)	6.811 4** (2.328 0)	6.174 2** (2.033 6)
er_{it}^2	-203.005 1* (-1.949 2)	-192.19* (-1.809 6)	-277.127 2* (-1.717 4)	-269.28* (-1.703 3)	-239.749 4** (-2.365 0)	-236.09** (-2.292 1)
fer_{it}	—	—	0.215 2*** (5.377 3)	0.220 8*** (5.429 4)	—	—
$lnem_{it}$	—	-0.002 4 (-0.682 9)	—	-0.003 2 (-0.748 2)	—	-0.004 63 (-1.347 3)

续表

变量	地区工业总产值增长率				企业进入率	
	估计7	估计8	估计9	估计10	估计11	估计12
$\ln ta_{it}$	—	0.003 6 (0.549 7)	—	0.007 3 (0.749 2)	—	-0.004 58 (-0.726 0)
$\ln gdp_{it}$	—	0.005 3 (0.553 5)	—	0.001 2 (0.084 7)	—	-0.009 24 (-0.991 0)
scr_{it}	—	0.025 4 (0.442 2)	—	0.063 6 (0.827 9)	—	-0.008 70 (-0.156 4)
$\ln pr_{it}$	—	-0.000 9 (-0.276 0)	—	0.003 3 (0.682 6)	—	-0.005 98 (0.192 0)
$\ln ei_{it}$	—	0.001 2 (0.747 0)	—	-0.000 08 (-0.030 5)	—	-0.002 07 (1.313 0)
效应选择	时间固定	时间固定	个体随机	混合	时间固定	时间固定
规制拐点	0.017 0	0.016 5	0.014 7	0.014 6	0.014 2	0.013 1
截距项	—	—	0.127 1*** (4.030 1)	0.118 1** (2.210 3)	—	—
R^2	0.021 4	0.030 6	0.098 6	0.109 4	0.018 8	0.035 0

数据来源:作者根据国研网数据库、中国工业企业数据库的数据,使用R语言3.6.1版本整理、计算而得到。

注:括号内的数值为t值,标有"***""**""*"的分别表示1%、5%、10%的显著性水平。

第十一章 结论启示与研究展望

改革开放以来,企业对于中国经济的蓬勃发展和社会主义市场经济体制的确立起到了关键的作用。企业作为市场资源配置的主体,其动态行为是宏观经济增长的微观基础。由此,本书的理论框架搭建和行文结构安排是由两条逻辑线索主导的:线索一,将企业动态与企业具体活动场景相联系,使得企业动态具有更深层次的细分场景特征,实现在更为具体的层面扩展企业动态的内涵,形成了第一条企业动态概念扩展逻辑线索;线索二,强调企业动态影响经济增长的过程是微观决策向宏观传导的逻辑过程,形成了第二条微观—宏观逻辑线索。本书融合这两条逻辑线索,基于熊彼特经济增长理论,构建了本书分析的理论框架并通过研究文献归纳和数理模型推演提出相应研究假说,基于中国制造业微观企业数据集,应用多种计量模型做实证检验,发现了一些有价值的规律和结论并阐述了具有针对性的政策启示。在这章中,将总结本书的研究不足,做出研究展望。

第一节 主要结论

企业微观动态影响经济增长的过程内含一个从微观企业异质性特征及其利益最大化的个体决策到宏观的经济特征和绩效表现的过程。企业异质性特征影响了企业的市场存活。存活的企业之间相互联系而形成的复杂网络成为企业获取信息和资源的重要渠道,企业在其中的位置直接影响其生产率水平。而区域内各个企业的生产率水平的总和,将决定整个区域的生产率水平。伴随着企业异地进入的是资本技术、创新研发、管理能力等生产要素的区际转移,从而会形成区域创新收敛与经济增长的效应。由此,本书分析所得主要结论如下。

(一)企业异质性规模导致的生产率演变

1. 企业规模的测度

针对已有文献关于企业规模测度方法使用单一绝对指标的不足,本书采用了被广泛使用的资产总值、销售额和就业人数三个企业规模测度绝对指标作为基础指标,应用标准化方法构建了企业规模标准化综合指数,一方面完善了已有的单一绝对指标测度方法的偏误,另一方面能够综合反映规模特征,为进一步的计量分析解决基础的指标问题,保证结论的稳定性。

2. 企业规模的分布特征

从数量分布角度,中国企业规模的统计性描述表明,企业规模呈右偏分布,意味着中小规模的企业数量较多,而大规模的企业数量较少。地区层面和所有制层面的异质性角度估计的结果与总体特征一致。从帕累托指数角度,企业规模分布的全样本估计结果表明,样本企业的规模集中度逐年提升,已经超过了最优标准值1。地区层面和所有制层面的异质性考察结果与全样本分析的帕累托指数判断结论一致。因此,总体来看,中国制造业企业已经形成了高集中度的市场结构,竞争受到抑制,不利于资源要素的高效配置。

3. 企业规模与生产率的关系

企业规模指数与企业全要素生产率对数之间的拟合图表明二者之间呈现倒"U"型关系。据此,首先设置含有企业规模二次项的计量模型进行基本估计,然后加入企业微观控制变量集合进行内生性估计,最后从应用企业销售额对数值替换企业全要素生产率指标、考察企业地区分布差异和企业所有制差异三个层面进行估计结果的稳健性检验,得到了基本一致的结论,即企业规模与生产率之间呈现倒"U"型关系。综合企业规模动态的统计性描述、企业规模分布的帕累托指数测度和生产率的计量实证,可以得到如下结论:中国制造业企业的规模动态经历了从低集中度到高集中度的过程;企业规模动态与生产率之间呈现倒"U"型特征;尽管考察的异质性层面、系数和拐点值有差异,但是总体的结论是稳健、一致的。

(二)企业规模、生产率与市场存活

企业规模动态和生产率都能够显著正向促进企业市场存活,但是企业规模

动态的影响呈现衰减特征,而企业生产率的影响呈现递增特征。企业市场存活是制约创新创业发展战略目标效果的关键因素。事实上,创新创业企业的进入规模和进入生产率直接影响了企业市场存活状况。基于制造业进入企业数据集,绘制了 Kaplan-Meier 生存曲线并应用了 Cox PH 模型的企业生存分析认为,企业规模对其市场存活的影响,由于边际递减,呈现非线性关系,即如果进入企业规模较大则在初始阶段能够显著提高其生存率,但是随着进入时间的延长逐渐不再显著。这是因为规模较大的企业通常在资源禀赋和技术创新方面具有优势,可以抵御市场风险和同行业的竞争。但是受到规模经济规律的约束,企业通常会经历从规模经济到规模不经济的过程。企业生产率与企业市场存活之间也呈现显著的非线性关系。与企业规模对企业市场存活的影响不同的是,企业生产率对企业市场存活的正向影响是递增的。生产率较高的企业,资源的利用效率和盈利能力通常领先于同行企业,在竞争中具有相对优势。这将激励企业进一步追求更高的生产率,以持续保持领先优势。另外,资本密集程度显著降低了企业的死亡风险。无论是资本密集型企业还是劳动密集型企业,制造业企业的资本规模都较大。通常,较大规模的资本或者较高的资本密集程度蕴含着先进的设备和技术水平。此外,非国有企业的市场存活概率相对较高。这应该是样本数据选择的原因。样本数据期间正好覆盖了国企改革的关键时期,所以非国有企业表现出更高的市场存活概率。

(三)企业网络位置动态调整显著正向促进企业生产率,其中企业吸收能力起到了关键的调节作用

随着信息技术的进步,企业间网络日益复杂,成为企业获取信息和资源、享受知识溢出的重要渠道。本书构造了涵盖连锁董事、供应链和交叉持股三个维度的企业间复杂网络,通过测度企业的网络位置信息以反映企业的网络动态,并且考虑将企业吸收能力作为调节变量的作用机制。文献梳理和微观数据实证发现,企业网络位置优势能够显著促进企业生产率提高,企业间链接所形成的社会资本优势集聚也能够有效促进其生产率提高。企业吸收能力的调节效应引入能显著放大企业位置优势对企业生产率的促进作用。同时,企业网络位置与企业吸收能力的交互项显著正向促进企业生产率,说明企业吸收能力具有显著的调节效应。进一步的产权异质性分析表明,企业网络位置优势对于非国有控股上市公司的生产率的促进作用始终显著,但是并未发现企业网络位置优势对于国有控股企业的生产率产生显著影响的证据。区域异质性分析表明,企

业网络位置影响生产率的情况在空间上存在显著差异:东部地区的企业生产率能够从企业动态中获益;中部地区的企业生产率只能从社会资源控制优势的位置节点获益;西部地区企业生产率似乎未能从企业网络中获益。

(四) 中心引力指数算法是对已有产业空间集聚测度方法的综合权衡和补充

现有空间集聚测度方法大体可以从基于产值和基于距离这两条研究路线分为两类,前一条路线忽略距离,后一条路线所谓的产值加权缺乏实际应用。究其原因,两条路线的研究都受制于技术,前一条路线受限于数据采集技术,后一条路线受限于计算能力。随着技术的进步,出现了一些基于实际距离的考察,但依然处于初步探索阶段,未能突破运算能力的限制。正是在这样的背景下,本研究提出了中心引力指数算法,有效地综合了现有研究方法的优点,规避了限制。通过融入成熟的引力模型,综合了产值和距离,然后采用中心化方法,设定虚拟中心企业,有效地摆脱了运算能力的限制。因此,中心引力指数算法对已有的测度方法是可靠的拓展,形成了综合权衡和补充。

中心引力指数算法能够高效测度空间集聚。由于采用较为成熟的引力模型,融合了产值和距离并借鉴了已有测度方法中的许多数学处理方法,本研究通过设定虚拟中心企业的做法,在具备坚实的理论基础的同时,极大地简化了数学计算。特别是通过相对指标构建置信区间和绝对指标判断阈值,识别集聚程度并分类,能够有效地对经济活动的空间集聚程度和地理空间分布特征做科学的结构分析。本研究方法的有效性还体现在使用长三角地区的微观企业数据进行验证,表明了中心引力指数算法能够有效地测度集聚程度和空间分布特征,准确地侦测产业多中心集聚并能够根据虚拟中心企业的地理位置转移,准确地追踪产业集聚的转移。

对样本数据的分析表明,长三角地区的制造业同时呈现集聚和转移两个特征。部分传统产业,特别是劳动密集型和资源依赖型产业在向长三角地区的外围转移,虚拟中心企业的地理位置清楚地表明了产业转移主要是向江苏北部、长江中上游和浙江中部三个方向。特别要强调的是,产业转移并不是发散,转移的过程中集聚程度在逐渐提升,最终在外围的某个地区形成了高水平的集聚,比如江苏北部的木材产业、南京的食品加工产业和嘉兴的皮革制造产业等。苏州、上海和杭州核心区的制造业的集聚程度在进一步提升,也就是没有发生转移的产业的集聚程度进一步强化。制造业的集聚基本经历了集聚程度与地理空间分布同向变化,然后集聚程度提高,地理空间分布收缩的分阶段过程,最终,制造业都呈现高度集聚并分布在 100 千米范围内的空间分布的特征。

（五）企业空间集聚动态

企业更替机制促进区域生产率持续提高,但是区域间存在显著差异。中国的企业空间分布呈现显著的集聚特征,这也是企业的进入与退出引发资源在进入企业和退出企业及在位企业间的重新配置所表现出的空间性。通过新构建的企业空间集聚中心引力指数算法测度企业空间集聚程度并构建新的企业更替率测度指标,探讨空间集聚影响企业生产率的企业更替机制,得到的分析结论表明：① 空间集聚与企业更替和企业生产率之间都呈现显著的倒"U"型非线性关系；② 企业更替是空间集聚影响生产率的关键中介变量；③ 时期异质性分析发现,中国对外改革开放程度的提高显著促进了中国企业的空间集聚程度,进而促进了生产率的上升,且企业更替机制也逐渐变得更为关键；④ 区域异质性分析发现,中国企业空间集聚对生产率的影响表现出显著的区域差异特征,其中东部地区呈现了与全国分析结果相一致的特征,而中、西部地区和东北地区表现出较大差异。总体来说,本书认为空间集聚通过企业更替显著提高了生产率,也就是说,空间集聚产生的竞争效应所导致的企业进入与退出,能够促进地区生产率的提高。

（六）企业异地进入显著促进了区域空间创新收敛,其中研发人员流入呈现显著的中介效应,研发资本的作用并不显著

研究发现,中国的区域创新表现出显著的空间相关性,同时存在绝对收敛和条件收敛,且呈现持续稳定的收敛特征。中国的区域创新收敛的背后,企业在空间上的进入是一个重要因素。究其原因,企业的异地进入引发了创新要素的区际流动,产生了知识溢出,促进了中国区域创新的收敛。对创新要素类型的进一步细分的研究发现,研发人员流入和研发资本流入在企业的异地进入促进区域创新收敛的过程中所起到的作用存在差异。研发人员流入具有显著的中介作用,强化了企业异地进入对区域创新的收敛,而研发资本流入的影响并不显著。

（七）企业异地进入与区域市场一体化显著促进区域经济增长,同时存在显著的城市群异质性

企业作为生产资源的载体,其地理空间进入意味着人才技术、管理和资本的流入,这些要素可以促进区域创新,进而驱动经济增长。从对长三角地区的分析可以发现:① 企业异地进入和市场一体化都显著促进了长三角区域的经济增长,而二者的交互作用显著为负,表明企业异地进入和市场一体化之间存在替代效应。② 时期异质性的分析结果表明,规划颁布前,企业异地进入和市场一体化及其交互项所产生的增长效应依然与全样本估计结果表现出一致的特征,但是规划颁布后的增长效应明显变大,表明长三角区域一体化政策能够显著放大各个因素的增长效应。③ 城市区位异质性分析表明,中心地区城市群与区域整体表现一致,而外围城市群存在"虹吸"现象,有可能加剧区域不平衡。但在外围城市群,企业异地进入和市场一体化的交互作用并未产生替代效应,反而能够相互协同,显著促进经济增长。

(八) 基于熊彼特内生经济增长模型

引入环境规制进行扩展分析,提出了环境规制强度分别与经济增长和企业进入都呈现倒"U"型关系的理论假说,并且应用中国工业企业数据做实证检验,得到主要结论如下:① 环境规制对经济增长存在先促进、后抑制的倒"U"型影响;② 环境规制对企业进入也存在先促进、后抑制的倒"U"型影响;③ 通过比较发现,环境规制对经济增长的影响的拐点要晚于对企业进入的影响的拐点;④ 在样本期内,环境规制对经济增长和企业进入的影响的拐点主要集中在65%~75%分位点。

第二节 政策启示

根据本书分析的主要结论,可以看到企业动态的增长效应是一个复杂的微观过程。从企业微观层面寻找经济持续增长的答案,需要先从企业异质性入手,尤其分析如何延长企业的市场存活周期,是后续的一系列影响分析及宏观经济增长效应分析的前提条件。而企业的存活除了受到自身异质性因素的影响,还与其所处的经济环境和企业间复杂网络的位置密切相关。强化企业间的网络链接,也就是在促进社会资本的形成,从而促进企业全要素生产率提高。区域的总体生产率水平正是无数个企业的全要素生产率水平的总体表现。通过构建企业更替机制,发挥企业的空间集聚经济性,形成区域生产率持续改进的内生机制是经济发展的重要策略。企业的区域间进入能够带动各类要素的重新配置,从而促进创新收敛和区域经济增长。畅通企业异地进入与退出的渠道、营造公平竞争的市场环境是区域经济增长的必要条件。基于上述分析的结论,结合已有理论,本书可以得出如下几点具体的政策启示。

(一) 中国制造业对于经济持续稳定的发展具有关键的作用

在长期的产业政策实施过程中,扶持大企业的做法导致了企业规模分布测度的产业集中度超过了最优标准。本书的理论和实证分析结论对于中国产业政策的制定和实践具有以下几点启示:① 改变单一指标来衡量企业规模,采用综合指数来测度企业规模。企业是复杂的生产组织单位,任何单一指标都很难准确测度其规模。由于单一指标在异质性企业中的表现和作用并不相同,据此做出的判断和制定的政策难免失之偏颇。因此,在对企业规模进行分析研究时,首先要解决企业规模准确测度的基础性问题。本书所构建的多指标企业规模综合指数方法提供了一个可行的思路和范例。② 在培育大企业的同时,注重市场竞争结构的均衡。不可否认,大企业在技术、资本及市场竞争力等方面具有优势地位,但是经济中的企业市场竞争结构分布,对于整个社会的资源配置具有决定性作用。换句话说,产业政策在扶持大企业的过程中,有可能犯了合成谬误。企业规模过度扩张并不能带来企业生产率的提高,尤其当市场结构抑制了竞争,意味着资源配置的低效率。因此,企业的充分竞争是资源高效配置的必要条件,产业政策引导市场结构的优化需要依赖高效率的竞争机制。③ 企业规模动态增长效应的倒"U"型特征表明存在最优区间。无论是全样本分析,还是基于地区异质性和所有制异质性的分析,都得出企业规模动态与生产率之间存在倒"U"型关系的结论。这就意味着,企业规模存在最优水平,也就是说,产业政策存在最优区间。应适时调整倾向于扶持企业做大、做强的传统产业政策,转向探索企业规模最优区间,以促进企业全要素生产率的最优化。

(二) 政府细化产业政策,纳入企业异质性因素评估

企业应进行科学投资决策,充分评估市场环境的约束。制造业企业的市场存活毫无疑问是影响产业政策和企业投资决策的关键变量之一。制造业发展政策的效果是以企业的市场存活为前提的。具体启示有如下两个方面:① 政府产业政策。产业政策的制定和实施过程中,需要纳入企业市场存活的预期,进而将企业规模和生产率作为政策扶持和资源倾斜的关键考察指标。同时,政府需要改变用单一绝对指标衡量企业规模的做法,综合利用多维度指标评估企业规模,还要兼顾企业的资本密集程度因素。此外,对于所有制性质和地区的差

异,制定产业政策时有必要做出具有适应性的差别化规制。② 企业投资决策。企业投资决策中需要对行业最优存活的规模和生产率做出科学估计,实现可持续发展。不同的行业、地区和所有制等对企业存活所需要的规模和生产率存在差异。创业企业或者进入新行业的企业需要从进入环境的差异对其规模和生产率两个方面做出适应性调整。

(三) 强化企业间网络联系,挖掘企业网络的社会资本价值,促进企业生产率提高

基于多维复杂企业网络位置动态对企业生产率的影响,以及对吸收能力的调节效应和异质性的分析,本书认为根据研究结论可以得到如下五个方面的启示:① 企业效率提升不仅源于内部的要素投入和技术创新,外部联系协作所形成的企业网络也同样重要。通过嵌入网络,企业可以获得信息优势、资源优势和控制优势,弥补自身的不足和短板,实现收益最大化。因此,企业绩效的提升需要强化企业间协作,不断完善企业网络,使信息、技术等的共享与溢出更通畅。② 企业间网络紧密程度可以从链接的广度和强度两个方面加强。所谓链接广度,是企业间形成多维度的业务关系和交流机会的程度。而链接强度是在单一维度上的企业间信息承载量和业务规模等。通过强化企业间联系以获取社会资本,其意义不亚于企业的物质资本投入。③ 中心性和结构洞所表示的企业网络位置对生产率产生的效应存在一定的差异,但是企业吸收能力都具有显著的调节效应。具有优势的企业的网络位置解决了信息和技术等资源的传播渠道和获取机会问题,而企业吸收能力决定了在多大程度上利用获取的信息技术和资源。因此,想要提高企业的生产率,需要注重对信息、知识和技术的消化能力的培育。④ 对于具有不同产权性质的企业,企业网络的影响存在显著的差异。对于国有控股企业,企业网络位置的影响并不显著恰恰是其实现生产率提升的关键突破点之一。也就是说,国有控股企业需要打破传统的企业间联系的固有模式,和各类企业建立起市场化联系,才能获取企业网络优势。⑤ 针对区域间异质性,东部地区的企业网络位置所产生的促进作用是显著的,而中、西部地区并不显著,这意味着需要进一步完善市场机制,不断提高市场化水平,推进企业协同创新发展,强化企业间网络发展,以获取超越自身条件的信息、技术等社会资源。

（四）控制企业空间集聚程度，构建企业更替的市场内生机制，实现区域生产率的持续提高

通过本书可以得到如下几点启示：① 需要对地方政府产业政策进行精准化调整，在关注产业的规模和企业的数量之外，还需要关注企业的异质性因素影响。发展迅速的数据技术使政府能够更为精准地测度企业集聚程度，数据技术还服务于产业政策的制定和实施。② 基于资源重新配置视角的企业更替测度，表明地区生产率提高背后的资源重新配置机制需要得到重视。地方政府需要综合考虑新进入或退出集聚的企业是否有利于地区生产率的提高。尤其对于那些效率低下的"僵尸"企业，应促进其退出市场并释放处于低效率状态的资源，为进入企业创造发展机会，实现社会资源效益的最大化。③ 企业的空间集聚与企业更替之间，由于集聚的经济效应、价格效应和拥挤效应等多方面的相互影响，存在内生互动机制。因此，地方政府在发挥市场对要素配置的决定性作用时，应着眼于企业的优胜劣汰，实现生产率的持续提高。④ 进一步深化改革开放，从空间集聚中获得更多的收益，同时提升市场化水平，构建企业更替的良好秩序，不断完善生产率提高的市场内生机制。

（五）发挥企业异地进入及创新要素流入的区域创新空间收敛机制，从区域间创新溢出中获益，助推高质量发展

各个地区在制定创新政策时需要充分考虑到邻近区域创新的溢出效应。尤其是企业的空间进入和退出动态行为产生的知识溢出和引发的研发要素的区域间流动进一步强化了创新的区域间依赖，促进了区域创新的空间收敛。因此，地方政府应注重企业作为创新要素载体的作用，制定引进企业的判断标准时需要从传统的要素规模视角转向技术含量视角，保持企业异地进入和研发人员流动的渠道畅通，形成适合知识溢出和创新累积的机制，以实现地区的经济结构调整和高质量发展。

（六）协调企业异地进入与区域市场一体化，抑制二者的替代效应，以促进区域经济持续均衡增长

从基于长三角地区的典型分析中可以得到三点启示：① 重视企业异地进入，完善长三角地区市场一体化的内生性机制。企业异地进入设立子公司的行为有利于突破市场分割，在更广的地理空间上整合市场，优化资源配置，促进区域市场一体化。因此，需要着力培育公平竞争的市场环境，为企业在区域内自由进出扫清障碍,以发挥市场一体化的企业动态内生驱动力,依靠市场力量驱动长三角区域一体化。② 抑制企业异地进入与市场一体化的替代效应。在鼓励企业发展和异地投资的同时,需要关注异地企业进入对本地存量企业的冲击,减缓企业进入产生的替代效应,最大限度地实现企业进入促进市场一体化的增长效应。③ 优化长三角区域内城市群划分政策。中心—外围的不均衡发展格局显然与长三角区域一体化的总体目标是不相容的。经验证据表明,外围城市并未能从企业异地进入和市场一体化中得到最大收益,相反存在"虹吸"效应。需要对中心外围城市群划分政策做出适当的调整,协调整个区域中所有城市的功能、地位与分工,实现均衡发展。

(七)环境规制对于中国经济高质量增长的重要意义

如何减少环境规制的负面影响,抵消其成本效应,发挥其创新激励效应是值得深入关注的。结合理论分析和实证研究,尤其是环境规制拐点值及其取值范围的讨论可以得到如下的启示:① 环境规制政策的优化方向在于激发创新的同时减少成本制约,从而延迟拐点的出现,实现环境规制、企业进入与经济增长的最优化。② 环境规制的影响拐点存在地区差异,但是总的来说,大部分尚处于正向促进阶段,也就是处于环境规制的红利期,但是同时需要注意有少部分地区进入了负向冲击阶段。环境规制的政策需要能够因地制宜,各地区探索各自最优的规制强度。③ 环境规制的目标取向是多元的,尤其是企业进入率的拐点早于经济增长的拐点,这就需要在企业进入最佳水平和经济增长最佳水平之间做出权衡。前者是创新的代表,对于长期的经济增长及其质量具有重要的意义,而后者是经济发展的现实,属于短期的、绕不开的一个目标。因此,选择环境规制强度时需要在创新促进长期的经济增长与短期的经济增长表现之间做出合理权衡。

第三节 研究不足与展望

一、不足之处

虽然本书试图揭示企业动态对经济增长的影响效应及机制,发现问题并给予恰当的阐释,进而提出合理的对策,但事实上,本书的研究对于企业动态影响经济增长问题的深入开展,仅仅是抛砖引玉,更为系统的企业动态扩展和更为严密的逻辑层次架构尚需要进一步的探索和发掘。同时,微观企业数据的获取和选择也都存在许多困难和挑战。因此,本书的研究可能存在的不足之处如下。

(一) 本书并未能建立起符合主流范式的熊彼特经济增长模型

熊彼特经济增长理论发展迅速,不断出现平台化的经典模型。本书是以熊彼特经济增长理论为基础,关注企业动态的经济增长作用机制分析,不同于关注创新的熊彼特经济增长模型。在理论分析部分,虽然搭建了理论框架,但是并未将深化后的企业动态机制引入熊彼特经济增长模型,以构建起符合主流范式的数理模型。而且在整体的研究过程中,没有在熊彼特范式的企业动态经济增长模型上形成新的框架,还是主要基于已有研究框架下的实证偏向。

(二) 由于微观数据的客观约束,有可能存在样本选择偏差

中国企业层面的微观数据虽然相较于过去丰富了许多,但是限于各种原因,能够应用于经济实证分析的数据集还是相对缺乏,且都存在不可克服的缺陷。当前文献中,被应用较为广泛的微观企业数据库,主要有上市公司数据库和中国工业企业数据库。上市公司数据库中的数据更新及时,信息全面详细,获取非常容易,被广泛应用于对企业问题的实证分析。截至2020年年底,沪深市场共有上市公司4 000多家,相对于中国企业的总体数量而言占比较小。而中国工业企业数据库的数据量较大,有超过400万条规模以上工业企业信息,指标极为丰富,信息量大。但是该数据库中数据的时间跨度为1998—2013年,自2014年起,国家统计局不再提供规模以上工业企业的普查数据。同时,不同年份的企业指标目录存在差异和缺失,因此需要做数据清洗,有可能导致关键信息丢失,造成样本偏差。因此,上市公司数据完整及时,但是样本量偏少,而中国工业企业数据库存在时间停滞缺陷和样本偏差风险。此外,虽然中国工商企业信息公示系统也提供了非常全的企业信息,但是只有企业的基本信息,缺乏关键的财务数据指标,目前这些企业信息常见于企业地理位置的相关研究文献中。综上,本书的实证分析中综合使用了沪深上市公司数据和中国工业企业数据库的数据,力求降低数据源客观缺陷的约束,以及规避主观选择的偏差。

二、研究展望

本书通过企业的具体活动场景扩展企业动态的内涵,并且遵循从微观到宏

观的逻辑层次,以熊彼特经济增长理论为基础,试图从企业层面探讨中国经济增长的微观基础。企业动态的扩展在一定程度上深化了熊彼特经济增长理论的企业动态机制研究。而基于中国制造业企业微观数据的实证分析探索了中国制造业企业动态的经济增长效应及其微观传导机制。当然,理论和实践不断发展进步,本书的研究不过是浩瀚的经济增长理论研究"海洋"中的一个"小水滴",未来还有无限的扩展空间。总体研究还存在诸多不足,结合理论发展趋势和数据技术的进步现实,本书认为值得进一步深入研究如下几个方面。

(一)关于企业动态的异质性问题

企业异质性已经成为经济学家进行微观企业相关研究的基本问题,且是微观经济分析与宏观分析的显著差别之一。那么企业异质性本身自然会影响到企业动态的异质性。比如,企业行业进入的创新强度、企业空间进入的地理距离、企业更替的资源重置等都受到企业自身异质性的影响,进而在动态行为方面也会表现出异质性。很显然,关于企业动态异质性的研究是对企业动态行为的进一步拓展,需要更为灵敏的数理模型推演,亦需要更为精细的微观数据的支撑。随着数理经济学的发展和信息采集处理技术的进步,关于企业动态异质性的研究是一个值得拓展和期待的领域。

(二)构建以企业动态为核心的规范模型

目前熊彼特经济增长理论的主流范式基于严密的数理模型,以企业创新为核心,探讨经济增长的动力。基本上是将企业动态作为实现创新的破坏性影响的过程机制,而不是作为模型分析的核心。事实上,企业动态行为并不是孤立的,而是企业基于投资、创新、竞争等多维因素综合权衡后的决策,进而能够影响经济增长。因此,将企业动态作为现代经济增长数理模型的核心,同时体现企业动态的异质性,构建更具一般性的理论分析框架是理论拓展的另一个重要方向。

(三)混合微观数据集的构造

当前的微观数据集的数据来源相对较少,显然与大数据时代的要求并不匹配。新近兴起的爬虫技术可以极大地拓展数据的来源。但是通过爬虫技术获取的数据往往呈现非结构特征,涉及数据的清洗和重构,具有较高的技术要求,却也为微观数据突破企业本身,获取相关的诸如企业与企业之间、企业与政府之间、企业与社会组织之间等联系的、更为微观的数据创造了可能。基于此,未来的微观研究可以从当前的企业层面进一步下沉到更复杂的企业内部组织和外部联系的微观层面,从而对企业动态展开更为细腻的实证研究。

(四)前沿研究方法的引入

目前的实证研究所使用的模型或方法都还是较为传统的面板模型、中介效应模型和工具变量法等,基本都是将基于小样本时代的计量方法带入规模日益庞大的微观数据处理当中。由于方法本身的假设就是在小样本条件下提出并成立的,因此,在大数据样本下很多假设会变成冗余的条件,限制对数据本身价值的挖掘。随着微观数据的获取越来越容易,当前的大数据领域的神经网络分析、机器学习等工具方法,必将为企业动态的微观分析打开"神秘之门"!

参考文献

[1] ACEMOGLU D, AKCIGIT U, ALP H, et al. Innovation, reallocation, and growth[J]. American Economic Review, 2018, 108 (11): 3450-3491.

[2] ACEMOGLU D, AKCIGIT U, HANLEY D, et al. Transition to clean technology[J]. Journal of Political Economy, 2016, 124(1): 52-104.

[3] ACEMOGLU D, CAO D. Innovation by entrants and incumbents[J]. Journal of Economic Theory, 2015, 157(C): 255-294.

[4] ACKERBERG D A, CAVES K, FRAZER G. Identification properties of recent production function estimators[J]. Econometrica, 2015, 83(6): 2411-2451.

[5] AGHION P, AKCIGIT U, CAGÉ J, et al. Taxation, corruption, and growth [J]. European Economic Review, 2016, 86(C): 24-51.

[6] AGHION P, AKCIGIT U, HOWITT P. What do we learn from Schumpeterian growth theory? [M]//Handbook of Economic Growth. Amsterdam: Elsevier, 2014: 515-563.

[7] AGHION P, HARRIS C, HOWITT P, et al. Competition, imitating and growth with step-by-step innovation[J]. The Review of Economic Studies, 2001, 68 (3): 467-492.

[8] AGHION P, HOWITT P. A model of growth through creative destruction [J]. Econometrica, 1992, 60(2), 323-351.

[9] AKCIGIT U, KERR W R. Growth through heterogeneous innovations[J]. Journal of Political Economy, 2018, 126(4): 1374-1443.

[10] AKCIGIT U, ALP H, PETERS M. Lack of selection and limits to delegation: firm dynamics in developing countries[J]. American Economic Review, 2021, 111(1): 231-275.

[11] ARBIA G, ESPA G, GIULIANI D,et al. Spatio-temporal clustering in the pharmaceutical and medical device manufacturing industry: a geographical micro-level analysis[J]. Regional Science and Urban Economics, 2014, 49(11): 298-304.

[12] ARBIA G. Modelling the geography of economic activities on a continuous space[J]. Papers in Regional Science. 2001,80(4):411-424.

[13] ARBIA G. Spatial data configuration in statistical analysis of regional economic and related problems[M]. Berlin:Springer,1989.

[14] ARROW K J. The economic implications of learning by doing[J]. The Review of Economic Studies,1962,29(3):155-173.

[15] ATKESON A, BURSTEIN A. Aggregate implications of innovation policy [J]. Journal of Political Economy,2019,127(6):2625-2683.

[16] AUDRETSCH D B, MAHMOOD T. The rate of hazard confronting new firms and plants in U.S. manufacturing[J]. Review of Industrial Organization, 1994,9(1):41-56.

[17] AXTELL R L. Zipf distribution of U.S. firm sizes[J]. Science,2001, 293(5536): 1818-1820.

[18] BAIER S L, BERGSTRAND J H. Economic determinants of free trade agreements[J]. Journal of International Economics,2004, 64(1): 29-63.

[19] BALDWIN R E, OKUBO T. Heterogeneous firms, agglomeration and economic geography: spatial selection and sorting[J]. Journal of Economic Geography,2006,6(3):323-346.

[20] BARRO R J,SALA-I-MARTIN X, BLANCHARD O J, et al. Convergence across states and regions[J]. Brookings Papers on Economic Activity,1991,22(1): 107-182.

[21] BARTELSMAN E, STEFANO S, FABIANO S. Comparative analysis of firm demographics and survival: evidence from micro-level sources in OECD countries[J]. Industrial and Corporate Change, 2005,14(3):365-391.

[22] BELOTTI F, HUGHES G, MORTARI A P. Spatial panel-data models using stata [J]. The Stata Journal, 2017, 17(1):139-180.

[23] BERNARD A B, MOXNES A, SAITO Y U. Production networks,

geography and firm performance[J]. Journal of Political Economy,2019,127(2):639–688.

[24] BEVEREN I V. Total factor productivity estimation:a practical review[J]. Journal of Economic Surveys,2012,26(1):98–128.

[25] BIRCH D L. Who creates jobs? [J]. The Public Interest,1981,65:3–14.

[26] BONNEU F, THOMAS-AGNAN C. Measuring and testing spatial mass concentration with micro-geographic data[J]. Spatial Economic Analysis,2015,10(3):289–316.

[27] BRIANT A, COMBES P P, LAFOURCADE M. Dots to boxes:do the size and shape of spatial units jeopardize economic geography estimations? [J]. Journal of Urban Economics,2010,67(3):287–302.

[28] BUDDELMEYER H, JENSENY P H, WEBSTER E. Innovation and the determinants of company survival [J]. Oxford Economic Papers,2010,62(2):261–285.

[29] BURT R S. Structural holes:the social structure of competition [M]. Cambridge:Harvard University Press,1992.

[30] CASS D. Optimum growth in an aggregative model of capital accumulation[J]. The Review of Economic Studies,1965,32(3):233–240.

[31] COHEN W M, LEVINTHAL D A. Innovation and learning:the two faces of R&D[J]. The Economic Journal,1989,99(397):569–596.

[32] COMBES P P, MAYER T, THISSE J F. Economic geography:the integration of regions and nations[M]. Princeton:Princeton University Press,2008.

[33] CUTRINI E. Using entropy measures to disentangle regional from national localization patterns[J]. Regional Science and Urban Economics,2009,39(2):243–250.

[34] DIGGLE P J. Statistical analysis of spatial point patterns[M]. New York:Oxford University Press,2003.

[35] DIXIT A K, STIGLITZ J E. Monopolistic competition and optimum product diversity[J]. The American Economic Review,1977,67(3):297–308.

[36] DOMAR E D. Capital expansion,rate of growth,and employment[J].

Econometrica,1946,14(2):137-147.

[37] DURANTON G, OVERMAN H G. Exploring the detailed location patterns of U. K. manufacturing industries using microgeographic data[J]. Journal of Regional Science,2008,48(1):213-243.

[38] DURANTON G, OVERMAN H G. Testing for localization using microgeographic data[J]. The Review of Economic Studies,2005, 72(4):1077-1106.

[39] DUTT A K. Heterodox theories of economic growth and income distribution: a partial survey[J]. Journal of Economic Surveys, 2017, 31(5): 1240-1271.

[40] ELHORST J P. Matlab software for spatial panels[J]. International Regional Science Review,2014,37(3):389-405.

[41] ELLISON G, Glaeser E L. Geographic concentration in U. S. manufacturing industries: a dartboard approach[J]. Journal of Political Economy, 1997, 105(5): 889-927.

[42] ERICSON R, PAKES A. Markov-perfect industry dynamics: a framework for empirical work[J]. The Review of Economic Studies,1995,62(1): 53-82.

[43] ESTEVE-PÉREZ S, PIERI F, RODRIGUEZ D. Age and productivity as determinants of firm survival over the industry life cycle[J]. Industry and Innovation, 2017,25(2):167-198.

[44] ESTEVE-PÉREZ S, SANCHIS-LLOPIS A, SANCHIS-LLOPIS J A. A competing risks analysis of firms' exit[J]. Empirical Economics, 2010, 38(2): 281-304.

[45] FALEYE O, KOVACS T, VENKATESWARAN A. Do better-connected CEOs innovate more?[J]. Journal of Financial and Quantitative Analysis. 2015,49(5-6):1201-1225.

[46] FERRARO D, SOROUSH G, PERETTO P F. Implications of tax policy for innovation and aggregate productivity growth[J]. European Economic Review, 2020,130(C):103590.

[47] FISMAN R, SVENSSON J. Are corruption and taxation really harmful to growth? Firm level evidence[J]. Journal of Development Economics,2007, 83(1): 63-75.

[48] FORSLID R, OKUBO T. Spatial relocation with heterogeneous firms and

heterogeneous sectors[J]. Regional Science and Urban Economics, 2014(46):42-56.

[49] FREDRICH V, BOUNCKEN R B, KRAUS S. The race is on: configurations of absorptive capacity, interdependence and slack resources for interorganizational learning in coopetition alliances[J]. Journal of Business Research. 2019,101(C):862-868.

[50] FUJITA M, KRUGMAN P, VENABLES A J. The spatial economic: cities, regions and international trade[M]. Boston:MIT Press,1999.

[51] GARCIA-MACIA D, HSIEH C T, KLENOW P J. How destructive is innovation? [J]. Econometrica, 2019,87(5):1507-1541.

[52] GIBRAT R. Les inégalités économiques[M]. Paris:Librairie du Recueil Sirey,1931.

[53] GRANOVETTER M. Economic action and social structure: the problem of embeddedness[J]. American Journal of Sociology, 1985, 91(3):481-510.

[54] GROSSMAN G M, HELPMAN E. Quality ladders in the theory of growth[J]. The Review of Economic Studies,1991,58(1):43-61.

[55] GUIMARÀES P, FIGUEIREDO O, WOODWARD D. Accounting for neighboring effects in measures of spatial concentration[J]. Journal of Regional Science,2011,51(4):678-693.

[56] HARROD R F. An essay in dynamic theory[J]. The Economic Journal, 1939,49(193):14-33.

[57] HAUSMANN R, HWANG J, RODRIK D. What you export matters [J]. Journal of Economic Growth, 2007,12(1):1-25.

[58] HOLMES T J, STEVENS J J. Geographic concentration and establishment scale[J]. The Review of Economics and Statistics,2002,84(4):682-690.

[59] HOPENHAYN H A. Entry, exit, and firm dynamics in long run equilibrium[J]. Econometrica,1992,60(5):1127-1150.

[60] HOPENHAYN H A. Exit, selection, and the value of firms[J]. Journal of Economic Dynamics and Control,1992,16(3-4):621-653.

[61] ISLAM N. Growth empirics: a panel data approach[J]. The Quarterly Journal of Economics,1995,110(4):1127-1170.

[62] JOVANOVIC B. Selection and the evolution of industry[J]. Econometrica, 1982,50(3):649-670.

[63] KALDOR N, MIRRLEES J A. A new model of economic growth[J]. The Review of Economic Studies,1962,29(3):174-192.

[64] KALDOR N. A model of economic growth[J]. The Economic Journal, 1957,67(268):591-624.

[65] KAO T W, SIMPSON N C, SHAO B B M, et al. Relating supply network structure to productive efficiency: a multi-stage empirical investigation[J]. European Journal of Operational Research,2017, 259(2):469-485.

[66] KEE H L. Local intermediate inputs and the shared supplier spillovers of foreign direct investment[J]. Journal of Development Economics, 2015,112(C): 56-71.

[67] KLETTE T J, KORTUM S. Innovating firms and aggregate innovation [J]. Journal of Political Economy,2004,112(5):986-1018.

[68] KOOPMANS T C. On the concept of optimal economic growth[M]//The Econometric Approach to Development Planning. Amsterdam: North Holland,1965: 225-287.

[69] KOPCZEWSKA K, CHURSKI P, OCHOJSKI A, et al. SPAG: index of spatial agglomeration[J]. Papers in Regional Science,2019,98(6):2391-2424.

[70] KOSFELD R, ECKEY H F, LAURIDSEN J. Spatial point pattern analysis and industry concentration[J]. The Annals of Regional Science,2011, 47 (2):311-328.

[71] KRUGMAN P. Increasing returns and economic geography[J]. Journal of Political Economy,1991,99(3):483-499.

[72] LENTZ R, MORTENSEN D T. An empirical model of growth through product innovation[J]. Econometrica,2008,76 (6):1317-1373.

[73] LEVINSOHN J, PETRIN A. Estimating production functions using inputs to control for unobservables[J]. The Review of Economic Studies,2003, 70(2): 317-341.

[74] LUCAS R E. On the mechanics of economic development[J]. Journal of Monetary Economics,1988,22(1):3-42.

[75] LUTTMER E G J. Selection, growth, and the size distribution of firms [J]. The Quarterly Journal of Economics, 2007, 122(3): 1103-1144.

[76] LUTTMER E G J. On the mechanics of firm growth. [J]. The Review of Economic Studies, 2011, 78(3): 1042-1068.

[77] MALERBA F. Innovation and the evolution of industries [J]. Journal of Evolutionary Economics, 2006, 16(1-2): 3-23.

[78] MARCON E, PUECH F. A typology of distance-based measures of spatial concentration [J]. Regional Science and Urban Economics, 2017, 62: 56-67.

[79] MARCON E, PUECH F. Evaluating the geographic concentration of industries using distance-based methods [J]. Journal of Economic Geography, 2003, 3(4): 409-428.

[80] MARCON E, PUECH F. Measures of the geographic concentration of industries: improving distance-based methods [J]. Journal of Economic Geography, 2010(5): 745-762.

[81] MARSHALL A. Principles of economics [M]. London: Macmillan, 1920.

[82] MAUREL F, SÉDILLOT B. A measure of the geographic concentration in french manufacturing industries [J]. Regional Science and Urban Economics, 1999, 29(5): 575-604.

[83] MELITZ M J. The impact of trade on intra-industry reallocations and aggregate industry productivity [J]. Econometrica, 2003, 6(6): 1695-1725.

[84] MORI T, SMITH T E. A probabilistic modeling approach to the detection of industrial agglomerations [J]. Journal of Economic Geography, 2014, 14(3): 547-588.

[85] MURATA Y, THISSE J F. A simple model of economic geography à la helpman-tabuchi [J]. Journal of Urban Economics, 2005, 58(1): 137-155.

[86] OKABE A, YAMADA I. The K-function method on a network and its computational implementation [J]. Geographical Analysis, 2010, 33(3): 271-290.

[87] OKUYAMA K, TAKAYASU M, TAKAYASU H. Zipf's law in income distribution of companies [J]. Physica A: Statistical Mechanics and its Applications, 1999, 269(1): 125-131.

[88] OLLEY G S, Pakes A. The dynamics of productivity in the telecommunications

equipment industry[J]. Econometrica, 1996, 64(6): 1263 – 1297.

[89] OPENSHAW S, TAYLOR P J. A million or so correlation coefficients: three experiments on the modifiable areal unit problem[J]. Statistical Applications in the Spatial Sciences, 1979: 127 – 144.

[90] PENROSE E T. The theory of the growth of the firm[M]. Oxford: Blackwell, 1959.

[91] PETRIN A, POI B P, LEVINSOHN J. Production function estimation in Stata using inputs to control for unobservables[J]. The Stata Journal, 2004, 4(2): 113 – 123.

[92] PONCET S. Measuring Chinese domestic and international integration[J] China Economic Review, 2003, 14(1): 1 – 21.

[93] RAMSDEN J J, KISS-HAYPÁL G Y. Company size distribution in different countries[J]. Physica A: Statistical Mechanics and its Applications, 2000, 277 (1): 220 – 227.

[94] RAMSEY F P. A mathematical theory of saving[J]. The Economic Journal, 1928, 38(152): 543 – 559.

[95] RAVENSTEIN E G. The laws of migration[J]. Journal of the Royal Statistical Society, 1889, 52(2): 241 – 305.

[96] RIPLEY B D. The second-order analysis of stationary point processes[J]. Journal of Applied Probability, 1976, 13(2): 255 – 266.

[97] ROMER P M. Increasing returns and long-run growth[J]. Journal of Political Economy, 1986, 94(5): 1002 – 1037.

[98] ROMER P M. Endogenous technological change[J]. Journal of Political Economy, 1990, 98(5): 71 – 102.

[99] ROMER P M. Increasing returns and long-run growth[J]. Journal of Political Economy, 1986, 94(5): 1002 – 1037.

[100] ROSSI-HANSBERG E, WRIGHT M L J. Establishment size dynamics in the aggregate economy[J]. The American Economic Review, 2007, 97(5): 1639 – 1666.

[101] SCHOLL T, BRENNER T. Optimizing distance-based methods for large data sets[J]. Journal of Geographical Systems, 2015, 17(4): 333 – 351.

[102] SCHOLL T, BRENNER T. Detecting spatial clustering using a firm-level cluster index[J]. Regional Studies,2014,50(6),1054-1068.

[103] SEGERSTROM P S, ANANT T C A, DINOPOULOS E. A Schumpeterian model of the product life cycle[J]. The American Economic Review,1990,80(5):1077-1091.

[104] SHESHINSKI E. Tests of the "learning by doing" hypothesis[J]. The Review of Economics and Statistics,1967,49(4):568-578.

[105] SOLOW R M. A contribution to the theory of economic growth[J]. The Quarterly Journal of Economics,1956,70(1):65-94.

[106] STOKEY N L. Learning by doing and the introduction of new goods[J]. Journal of Political Economy,1988,96(4):701-717.

[107] STROTMANN H. Entrepreneurial survival[J]. Small Business Economics,2007,28(1):87-104.

[108] SUTTON J. Gibrat's legacy[J]. Journal of Economic Literature,1997,35(1):40-59.

[109] SWAN T W. Economic growth and capital accumulation[J]. Economic Record,1956,32(2):334-361.

[110] SYVERSON C. What determines productivity? [J]. Journal of Economic Literature,2011,49(2):326-365.

[111] UZAWA H. Optimum technical change in an aggregative model of economic growth[J]. International Economic Review,1965,6(1):18-31.

[112] UZZI B. Social structure and competition in interfirm networks: the paradox of embeddedness [J]. Administrative Science Quarterly,1997,42(1):35-67.

[113] WANG Y D, Ning L T, Li J, et al. Foreign direct investment spillovers and the geography of innovation in Chinese regions: the role of regional industrial specialization and diversity [J]. Regional Studies,2014,50(5):805-822.

[114] WOOLDRIDGE J M. On estimating firm-level production functions using proxy variables to control for unobservables[J]. Economics Letters,2009,104(3):112-114.

[115] YAMADA I, THILL J C. Comparison of planar and network K-functions

in traffic accident analysis[J]. Journal of Transport Geography,2004,12(2):149 – 158.

[116] 阿格因,豪伊特. 增长经济学[M]. 杨斌,译. 北京:中国人民大学出版社,2011.

[117] 阿吉翁,霍依特. 内生增长理论[M]. 陶然,倪彬华,汪柏林,等译. 北京:北京大学出版社,2004.

[118] 巴罗,萨拉 – 伊 – 马丁. 经济增长[M]. 2 版. 夏俊,译. 上海:格致出版社,上海三联书店,上海人民出版社,2010.

[119] 白俊红,刘怡. 市场整合是否有利于区域创新的空间收敛[J]. 财贸经济,2020,41(1):96 – 109.

[120] 白俊红,王钺,蒋伏心,等. 研发要素流动、空间知识溢出与经济增长[J]. 经济研究,2017,52(7):109 – 123.

[121] 白旭云,王笑天,石晓义. 企业的知识溢出与创新绩效实证分析[J]. 统计与决策,2020,36(10):185 – 188.

[122] 蔡宁,邓小路,程亦沁. 风险投资网络具有"传染"效应吗:基于上市公司超薪酬的研究[J]. 南开管理评论,2017,20(2):17 – 31.

[123] 蔡玉蓉,汪慧玲. 科技创新、产业集聚与地区劳动生产率[J]. 经济问题探索,2018(10):59 – 69.

[124] 曹春方,夏常源,钱先航. 地区间信任与集团异地发展:基于企业边界理论的实证检验[J]. 管理世界,2019,35(1):179 – 191.

[125] 曹春方,张婷婷,刘秀梅. 市场分割提升了国企产品市场竞争地位?[J]. 金融研究,2018(3):121 – 136.

[126] 曹春方,周大伟,吴澄澄,等. 市场分割与异地子公司分布[J]. 管理世界,2015(9):92 – 103.

[127] 陈诗一,陈登科. 中国资源配置效率动态演化:纳入能源要素的新视角[J]. 中国社会科学,2017(4):67 – 83.

[128] 陈勇兵,蒋灵多. 外资参与、融资约束与企业生存:来自中国微观企业的证据[J]. 投资研究,2012,31(6):65 – 78.

[129] 陈运森. 社会网络与企业效率:基于结构洞位置的证据[J]. 会计研究,2015(1):48 – 55.

[130] 邓文博,宋宇,陈晓雪. 区域一体化带动长三角欠发达地区经济增

长效应评估:基于 DID 模型的实证研究[J]. 华东经济管理,2019,33(7):14-20.

[131] 刁秀华,李姣姣,李宇. 高技术产业的企业规模质量、技术创新效率及区域差异的门槛效应[J]. 中国软科学,2018(11):184-192.

[132] 董洪超,蒋伏心. 交通基础设施对中国区域市场一体化的影响研究:基于动态面板模型的实证分析[J]. 经济问题探索,2020(5):26-39.

[133] 范剑勇,冯猛,李方文. 产业集聚与企业全要素生产率[J]. 世界经济,2014,37(5):51-73.

[134] 方明月,聂辉华. 中国工业企业规模分布的特征事实:齐夫定律的视角[J]. 产业经济评论,2010,9(2):1-17.

[135] 方伟,杨眉. 高新技术产业集群知识溢出对企业技术追赶的影响[J]. 科技进步与对策,2020,37(9):87-95.

[136] 高传胜,刘志彪. 生产者服务与长三角制造业集聚和发展:理论、实证与潜力分析[J]. 上海经济研究,2005(8):35-42.

[137] 高凌云,屈小博,贾鹏. 中国工业企业规模与生产率的异质性[J]. 世界经济,2014,37(6):113-137.

[138] 高凌云,易先忠. 外资并购对目标企业生存的影响[J]. 数量经济技术经济研究,2019,36(4):61-81.

[139] 胡晨光,程惠芳,俞斌."有为政府"与集聚经济圈的演进:一个基于长三角集聚经济圈的分析框架[J]. 管理世界,2011(2):61-69.

[140] 胡玫,刘春生,陈飞. 产业集聚对中国企业全要素生产率的影响:基于广东省制造业的实证研究[J]. 经济问题,2015(4):78-82.

[141] 黄菁,陈霜华. 环境污染治理与经济增长:模型与中国的经验研究[J]. 南开经济研究,2011(1):142-152.

[142] 黄茂兴,林寿富. 污染损害、环境管理与经济可持续增长:基于五部门内生经济增长模型的分析[J]. 经济研究,2013(12):30-41.

[143] 嵇正龙,宋宇. 产业空间集聚中心引力指数算法的设计及应用:基于长三角一体化视角的企业微观数据验证[J]. 统计与信息论坛,2020,35(3):38-48.

[144] 嵇正龙,宋宇. 长三角地区企业异地投资与市场一体化的增长效应[J]. 现代经济探讨,2021(3):110-117.

[145] 嵇正龙,宋宇.环境规制、企业进入与经济增长[J].统计与决策,2020,36(23):50-55.

[146] 嵇正龙,宋宇.空间集聚、企业更替与生产率[J].华东经济管理,2021,35(5):111-118.

[147] 嵇正龙,宋宇.企业异地进入促进区域创新空间收敛吗[J].财经论丛,2021(9):3-14.

[148] 嵇正龙,宋宇.融合空间距离测度市场分割指数的方法设计与应用[J].统计与信息论坛,2021,36(7):10-17.

[149] 嵇正龙,宋宇.网络位置对企业生产率的影响:基于吸收能力的中介机制分析[J].企业经济,2021,40(8):64-73.

[150] 贾佳,刘小元.政治关联、异地投资经验与异地子公司进入模式:来自中国上市公司的经验证据[J].宏观经济研究,2020(1):42-53.

[151] 蒋殿春,王春宇.外商直接投资与中国制造业产业升级[J].南开学报(哲学社会科学版),2020(4):32-43.

[152] 蒋天颖,孙伟.网络位置、技术学习与集群企业创新绩效:基于对绍兴纺织产业集群的实证考察[J].经济地理,2012,32(7):87-92.

[153] 康志勇.融资约束、政府支持与中国本土企业研发投入[J].南开管理评论,2013,16(5):61-70.

[154] 李贲,吴利华.开发区设立与企业成长:异质性与机制研究[J].中国工业经济,2018(4):79-97.

[155] 李峰,王亚星.政府补贴对企业生产率的双刃剑效应:基于异质性企业理论和门槛回归方法的研究[J].研究与发展管理,2020,32(1):25-37.

[156] 李俊青,苗二森.资源错配、企业进入退出与全要素生产率增长[J].产业经济研究,2020(1):1-14.

[157] 李坤望,蒋为.市场进入与经济增长:以中国制造业为例的实证分析[J].经济研究,2015,50(5):48-60.

[158] 李鲁.民营经济推动长三角区域一体化:发展历程与互动机制[J].治理研究,2019,35(5):59-67.

[159] 李培鑫,张学良.长三角空间结构特征及空间一体化发展研究[J].安徽大学学报(哲学社会科学版),2019,43(2):148-156.

[160] 李平,慕绣如.波特假说的滞后性和最优环境规制强度分析:基于系

统 GMM 及门槛效果的检验[J].产业经济研究,2013(4):21-29.

[161] 李强.经济环境、政府补贴与企业发展:基于生存分析方法的实证研究[J].贵州财经大学学报,2019(5):35-43.

[162] 李小平,李小克.中国工业环境规制强度的行业差异及收敛性研究[J].中国人口·资源与环境,2017,27(10):1-9.

[163] 李旭超,罗德明,金祥荣.资源错配与中国企业规模分布特征[J].中国社会科学,2017(2):25-43.

[164] 林玲,孙腾.中国出口企业"生产率悖论"之谜:基于成本加成率视角[J].西安财经学院学报,2016,29(3):81-88.

[165] 刘斌,袁其刚,商辉.融资约束、歧视与企业规模分布:基于中国工业企业数据的分析[J].财贸经济,2015(3):72-87.

[166] 刘明,王思文.β收敛、空间依赖与中国制造业发展[J].数量经济技术经济研究,2018,35(2):3-23.

[167] 刘乃全,吴友.长三角扩容能促进区域经济共同增长吗[J].中国工业经济,2017(6):79-97.

[168] 刘善仕,孙博,葛淳棉,等.人力资本社会网络与企业创新:基于在线简历数据的实证研究[J].管理世界,2017(7):88-98.

[169] 刘雅娇,胡静波.产业集聚、市场竞争性与劳动生产率:基于高技术产业面板数据的实证分析[J].产经评论,2018,9(1):40-48.

[170] 刘志彪,陈柳.长三角区域一体化发展的示范价值与动力机制[J].改革,2018(12):65-71.

[171] 刘志彪,孔令池.长三角区域一体化发展特征、问题及基本策略[J].安徽大学学报(哲学社会科学版),2019,43(3):137-147.

[172] 刘志彪,徐宁.统一市场建设:长三角一体化的使命、任务与措施[J].现代经济探讨,2020(7):1-4.

[173] 鲁晓东,连玉君.中国工业企业全要素生产率估计:1999—2007[J].经济学(季刊),2012,11(2):541-558.

[174] 陆铭,陈钊.分割市场的经济增长:为什么经济开放可能加剧地方保护?[J].经济研究,2009,44(3):42-52.

[175] 罗吉,党兴华,王育晓.网络位置、网络能力与风险投资机构投资绩效:一个交互效应模型[J].管理评论,2016,28(9):83-97.

[176] 马光荣,程小萌,杨恩艳. 交通基础设施如何促进资本流动:基于高铁开通和上市公司异地投资的研究[J]. 中国工业经济,2020(6):5-23.

[177] 马相东,张文魁,王喆. 中国企业出口增长的决定因素:生产率抑或企业规模[J]. 改革,2019(4):126-136.

[178] 毛其淋,许家云. 中间品贸易自由化、制度环境与生产率演化[J]. 世界经济,2015,38(9):80-106.

[179] 聂辉华,江艇,杨汝岱. 中国工业企业数据库的使用现状和潜在问题[J]. 世界经济,2012,35(5):142-158.

[180] 聂辉华,谭松涛,王宇锋. 创新、企业规模和市场竞争:基于中国企业层面的面板数据分析[J]. 世界经济,2008(7):57-66.

[181] 钱锡红,杨永福,徐万里. 企业网络位置、吸收能力与创新绩效:一个交互效应模型[J]. 管理世界,2010(5):118-129.

[182] 强永昌,杨航英. 长三角区域一体化扩容对企业出口影响的准自然实验研究[J]. 世界经济研究,2020(6):44-56.

[183] 任兵,区玉辉,彭维刚. 连锁董事、区域企业间连锁董事网与区域经济发展:对上海和广东两地2001年上市公司的实证考察[J]. 管理世界,2004(3):112-123.

[184] 任兵,区玉辉,彭维刚. 连锁董事与公司绩效:针对中国的研究[J]. 南开管理评论,2007(1):8-15.

[185] 桑瑞聪,彭飞,熊宇. 服务业FDI、产业共同集聚与地区生产率[J]. 现代经济探讨,2017(6):56-63.

[186] 沙浩伟,曾勇. 交叉持股、网络位置与公司绩效的实证研究[J]. 管理科学,2014,27(1):131-142.

[187] 邵朝对,苏丹妮,李坤望. 跨越边界的集聚:空间特征与驱动因素[J]. 财贸经济,2018,39(4):99-113.

[188] 邵宜航,李泽扬. 空间集聚、企业动态与经济增长:基于中国制造业的分析[J]. 中国工业经济,2017,347(2):5-23.

[189] 沈能,彭慧,姚炯. 多渠道国际研发溢出与创新效率空间收敛研究[J]. 科学学研究,2019,37(6):1091-1101.

[190] 沈能. 环境效率、行业异质性与最优规制强度:中国工业行业面板数据的非线性检验[J]. 中国工业经济,2012(3):56-68.

[191] 盛斌,毛其淋. 贸易开放、国内市场一体化与中国省际经济增长:1985~2008年[J]. 世界经济,2011(11):44-66.

[192] 盛斌,毛其淋. 贸易自由化、企业成长和规模分布[J]. 世界经济,2015,38(2):3-30.

[193] 史金艳,杨健亨,李延喜,等. 牵一发而动全身:供应网络位置、经营风险与公司绩效[J]. 中国工业经济,2019(9):136-154.

[194] 宋德勇,赵菲菲. 环境规制、资本深化对劳动生产率的影响[J]. 中国人口·资源与环境,2018,28(7):159-167.

[195] 宋华,卢强. 什么样的中小企业能够从供应链金融中获益:基于网络和能力的视角[J]. 管理世界,2017(6):104-121.

[196] 孙博,刘善仕,姜军辉,等. 企业融资约束与创新绩效:人力资本社会网络的视角[J]. 中国管理科学,2019,27(4):179-189.

[197] 孙浦阳,刘伊黎. 企业客户贸易网络、议价能力与技术追赶:基于贸易网络视角的理论与实证检验[J]. 经济研究,2020,55(7):106-122.

[198] 孙晓华,王昀. 企业规模对生产率及其差异的影响:来自工业企业微观数据的实证研究[J]. 中国工业经济,2014(5):57-69.

[199] 孙学敏,王杰. 环境规制对中国企业规模分布的影响[J]. 中国工业经济,2014(12):44-56.

[200] 藤田昌久,蒂斯. 集聚经济学:城市、产业区位与全球化[M]. 2版. 石敏俊,译. 上海:格致出版社,上海三联书店,上海人民出版社,2016.

[201] 藤田昌久,克鲁格曼,维纳布尔斯. 空间经济学:城市、区域与国际贸易[M]. 梁琦,译. 北京:中国人民大学出版社,2011.

[202] 王承云,孙飞翔. 长三角城市创新空间的集聚与溢出效应[J]. 地理研究,2017,36(6):1042-1052.

[203] 王欢芳,李密,宾厚. 产业空间集聚水平测度的模型运用与比较[J]. 统计与决策,2018,34(11):37-42.

[204] 王雷,王新文. 风险投资对上市公司全要素生产率的影响:基于独立创业投资与公司创业投资的比较分析[J]. 财经论丛,2020(10):55-63.

[205] 王良举,陈甬军. 集聚的生产率效应:来自中国制造业企业的经验证据[J]. 财经研究,2013,39(1):49-60.

[206] 王森薇,郝前进. 初始规模、生产率与企业生存发展:基于上海市规

模以上工业企业的实证研究[J].经济管理,2012,34(7):144-153.

[207] 王鹏,王伟铭.高新技术产业集聚对劳动生产率的影响研究:基于中国省级面板数据的实证检验[J].华东师范大学学报(哲学社会科学版),2017,49(5):83-94.

[208] 王庆喜,胡志学.长三角地区研发企业集聚与知识溢出强度:连续空间中的微观分析[J].地理科学,2018,38(11):1828-1836.

[209] 王营,曹廷求.董事网络增进企业债务融资的作用机理研究[J].金融研究,2014(7):189-206.

[210] 王营,张光利.董事网络和企业创新:引资与引智[J].金融研究,2018(6):189-206.

[211] 王永进,盛丹,李坤望.中国企业成长中的规模分布:基于大企业的研究[J].中国社会科学,2017(3):27-47.

[212] 王育晓,张晨,王曦.风险投资机构的网络能力与投资绩效:网络位置与关系强度的交互作用[J].现代财经(天津财经大学学报),2018,38(2):91-101.

[213] 王钺,白俊红.资本流动与区域创新的动态空间收敛[J].管理学报,2016,13(9):1374-1382.

[214] 王钺,刘秉镰.创新要素的流动为何如此重要:基于全要素生产率的视角[J].中国软科学,2017(8):91-101.

[215] 韦功鼎,李雪梅.高速铁路知识溢出对第三产业集聚的影响研究:基于长三角城市群的实证研究[J].经济问题探索,2019(2):130-136.

[216] 韦曙林,欧梅.产业集聚、资产专用性和制造企业生产率[J].当代经济科学,2017,39(3):77-85.

[217] 魏下海,张天华,李经.最低工资规制与中国企业的市场存活[J].学术月刊,2018,50(3):87-97.

[218] 温忠麟,叶宝娟.中介效应分析:方法和模型发展[J].心理科学进展,2014,(5):731-745.

[219] 吴福象,蒋天颖,孙伟.网络位置、知识转移对集群企业竞争优势的影响:一项基于对温州乐清低压电器产业集群的实证研究[J].科研管理,2013,34(12):48-57.

[220] 吴伊菌,董斌.独立董事网络位置与企业技术创新行为[J].现代经

济探讨,2020(9):76-88.

[221] 伍先福. 产业协同集聚影响全要素生产率的空间效应研究:基于246个城市的空间杜宾模型实证[J]. 广西师范大学学报(哲学社会科学版),2019,55(3):88-101.

[222] 武英涛,茚训诚,张云. 长三角金融市场一体化中的行政边界壁垒测度:基于企业债务融资成本的实证研究[J]. 河海大学学报(哲学社会科学版),2019,21(5):41-50.

[223] 项松林. 外商直接投资对区域经济一体化的影响[J]. 当代经济科学,2015,37(5):69-77.

[224] 肖文,唐兆希. 能源约束、技术进步与可持续发展:一个基于中间产品质量进步的分析框架[J]. 经济理论与经济管理,2011(1):87-94.

[225] 谢德仁,陈运森. 董事网络:定义、特征和计量[J]. 会计研究,2012(3):44-51.

[226] 熊彼特. 资本主义、社会主义与民主[M]. 吴良健,译. 北京:商务印书馆,2021.

[227] 徐珊. 区域知识溢出、产权性质与企业自主创新绩效:基于创新价值链的视角[J]. 当代财经,2019(2):85-97.

[228] 许浩然,荆新. 社会关系网络与公司债务违约:基于中国A股上市公司的经验证据[J]. 财贸经济,2016(9):36-52.

[229] 许家云,毛其淋. 政府补贴、治理环境与中国企业生存[J]. 世界经济,2016,39(2):75-99.

[230] 解学梅,左蕾蕾. 企业协同创新网络特征与创新绩效:基于知识吸收能力的中介效应研究[J]. 南开管理评论,2013,16(3):47-56.

[231] 宣旸,张万里. 集聚经济、基础设施与制造业全要素生产率:来自中国207个地级市的证据[J]. 产经评论,2020,11(1):107-121.

[232] 闫东升,杨槿. 长江三角洲人口与经济空间格局演变及影响因素[J]. 地理科学进展,2017,36(7):820-831.

[233] 杨浩昌,李廉水,刘军. 产业聚集与中国城市全要素生产率[J]. 科研管理,2018,39(1):83-94.

[234] 杨继生,徐娟. 环境收益分配的不公平性及其转移机制[J]. 经济研究,2016,51(1):155-167.

[235] 杨其静,李小斌,方明月.市场、政府与企业规模分布:一个经验研究[J].世界经济文汇,2010(1):1-15.

[236] 杨仁发,张殷.产业集聚与城市生产率:基于长江经济带108个城市的实证分析[J].工业技术经济,2018,37(9):123-129.

[237] 杨汝岱,朱诗娥.产业政策、企业退出与区域生产效率演变[J].学术月刊,2018,50(4):33-45.

[238] 杨汝岱.中国制造业企业全要素生产率研究[J].经济研究,2015,50(2):61-74.

[239] 姚洋,章奇.中国工业企业技术效率分析[J].经济研究,2001(10):13-19.

[240] 叶静怡,刘雯.中国创新活动空间分布及创新增长收敛性分析[J].郑州大学学报(哲学社会科学版),2018,51(1):59-65.

[241] 尹恒,柳荻,李世刚.企业全要素生产率估计方法比较[J].世界经济文汇,2015(4):1-21.

[242] 尹恒,杨龙见.投入产出异质性与中国制造业企业生产率估计:1998—2013[J].中国工业经济,2019(4):23-41.

[243] 尹筑嘉,曾浩,毛晨旭.董事网络缓解融资约束的机制:信息效应与治理效应[J].财贸经济,2018,39(11):112-127.

[244] 游家兴,刘淳.嵌入性视角下的企业家社会资本与权益资本成本:来自我国民营上市公司的经验证据[J].中国工业经济,2011(6):109-119.

[245] 于斌斌,杨宏翔,金刚.产业集聚能提高地区经济效率吗:基于中国城市数据的空间计量分析[J].中南财经政法大学学报,2015(3):121-130.

[246] 于娇,逯宇铎,刘海洋.出口行为与企业生存概率:一个经验研究[J].世界经济,2015,38(4):25-49.

[247] 余淼杰.中国的贸易自由化与制造业企业生产率[J].经济研究,2010,45(12):97-110.

[248] 袁骏毅,乐嘉锦.空间集聚与企业全要素生产率:基于中国工业企业数据库的考察[J].湘潭大学学报(哲学社会科学版),2018,42(6):32-36.

[249] 张成,陆旸,郭路,等.环境规制强度和生产技术进步[J].经济研究,2011,46(2):113-124.

[250] 张静,胡倩,谭桑,等. 进入、退出与企业生存:来自中国制造业企业的证据[J]. 宏观经济研究,2013(11):103-110.

[251] 张俊芝,谷杉杉. 董事特征与企业风险承担能力:基于董事网络的中介效应[J]. 财经问题研究,2020(9):70-77.

[252] 张莉,李绍东. 企业规模、技术创新与经济绩效:基于工业企业调查数据的实证研究[J]. 财经科学,2016(6):67-74.

[253] 张辽,王俊杰. 环境适应性、集聚特征与企业生存:来自中国工业企业面板数据的实证分析[J]. 山西财经大学学报,2020,42(1):72-84.

[254] 张玲,王珺,李雪灵. 知识社会化、网络位置与集群企业竞争优势:基于知识流动双向性的实证研究[J]. 科技管理研究,2020,40(16):140-148.

[255] 张敏,童丽静,许浩然. 社会网络与企业风险承担:基于我国上市公司的经验证据[J]. 管理世界,2015(11):161-175.

[256] 张平,张鹏鹏,蔡国庆. 不同类型环境规制对企业技术创新影响比较研究[J]. 中国人口·资源与环境,2016,26(4):8-13.

[257] 张少华,张天华. 企业规模分布"中间迷失"现象研究进展[J]. 经济学动态,2017(4):142-150.

[258] 张天华,张少华. 中国工业企业全要素生产率的稳健估计[J]. 世界经济,2016,39(4):44-69.

[259] 张万里,魏玮. 要素密集度、产业集聚与生产率提升:来自中国企业微观数据的经验研究[J]. 财贸研究,2018,29(7):28-41.

[260] 张筱娟,徐维祥,黄明均,等. 制造业企业的迁移特征、机制及其绩效:以杭州市为例[J]. 经济地理,2019,39(6):136-146.

[261] 张学良,李丽霞. 长三角区域产业一体化发展的困境摆脱[J]. 改革,2018(12):72-82.

[262] 张训常,苏巧玲,刘晔. 政资不分:财政压力对国有企业生存发展的影响[J]. 财贸经济,2019,40(11):129-143.

[263] 张震. 创新数量、创新质量与企业规模[J]. 经济问题,2018(12):56-60.

[264] 张子珍. 基于企业区位选址的城乡产业一体化发展研究[J]. 经济问题,2017(5):73-78.

[265] 章韬,孙楚仁. 贸易开放、生产率形态与企业规模[J]. 世界经济,2012,35(8):40-66.

[266] 赵炎,冯薇雨,郑向杰. 联盟网络中派系与知识流动的耦合对企业创新能力的影响[J]. 科研管理,2016,37(3):51-58.

[267] 赵曜,柯善咨. 筛选效应、异质企业内生集聚与城市生产率[J]. 财贸经济,2017,38(3):52-66.

[268] 赵永亮,李文光."邻居"异质性对出口企业生产率的影响:基于知识溢出效应的分析[J]. 国际贸易问题,2017(5):46-56.

[269] 赵增耀,王喜. 产业竞争力、企业技术能力与外资的溢出效应:基于我国汽车产业吸收能力的实证分析[J]. 管理世界,2007(12):58-66.

[270] 赵子乐,林建浩,朱元冰. 企业家姓氏网络的出口外溢效应[J]. 经济学动态,2020(2):74-89.

[271] 周迪,程慧平. 创新价值链视角下的区域创新活动空间非均衡与收敛研究[J]. 科技管理研究,2015,35(19):13-21.

[272] 朱道才,吴信国,郑杰. 经济研究中引力模型的应用综述[J]. 云南财经大学学报,2008(5):19-24.

[273] 朱克朋,樊士德. 企业更替和生产率增长的效应:基于我国部分竞争性行业的实证研究[J]. 财经科学,2013(7):70-79.

[274] 朱丽,柳卸林,刘超,等. 高管社会资本、企业网络位置和创新能力:"声望"和"权力"的中介[J]. 科学学与科学技术管理,2017,38(6):94-109.